狭い部屋でも
スッキリ片づく

ふたり暮らしのつくり方

saori
instagram saori.612

JN138127

Panasonic

はじめに

「もっとスッキリ暮らしたい！」と思い、物を持ちすぎないシンプルな暮らしをめざすようになったのは、ふたり暮らしを始めたことがきっかけです。

社会人4年目でひとり暮らしをしている頃は、家事はほぼしない、ほしいものは迷わず購入という、今とは真逆な生活をしていました。

そんな私がふたり暮らしをするようになって、共同生活の難しさを思い知りました。私は幼い頃から整理整頓が好きでしたが、相手は片づけが苦手で、出しっぱなし、やりっぱなしは当たり前。もちろん家事もほとんどしたことがなく、何をやるにも一から教えなければいけませんでした。

思い描いていたふたり暮らしとは程遠く、小さな喧嘩ばかりの毎日。

そんな毎日を変えたくて、どうすればお互いが気持ちよく暮らせるか、楽に家事ができるかを考えた結果、少ない物でシンプルに暮らしたいと思うようになりました。

時々「私のパートナーは物が捨てられないし、家事もまったくできないから、ｓａｏｒｉさんのように暮らせない」と言われることがあります。でも、私たちも同じような状態からのスタートでした。

無理に捨てたりするのではなく、物が多くならないように一緒に考えることから始めました。ふたり暮らしを始めてから、自分だけが使いやすいのではなく、相手も使いやすい収納が大事だと実感しています。

本書では、インスタグラムでは投稿していない部屋の隅々まで公開しています。ほかにも、料理や掃除、休日の過ごし方など、ありのままのふたり暮らしを綴っています。

築30年・38㎡と狭い部屋でのふたり暮らしですが、私の暮らしのアイデアが同じように悩む方々のお役に立てれば、とても嬉しいです。

ｓａｏｒｉ

狭い部屋でもスッキリ片づく　ふたり暮らしのつくり方　目次

第3章 ふたり分の食事はこれだけで回せる

第4章 狭いキッチンを広く使う工夫

第5章

「どちらも簡単に片づけられる」収納

第6章

部屋のあちこちを広く使う工夫

第7章 掃除はシンプルに

第8章 ふたりの生活にちょうどよいバランスを

部屋の間取り

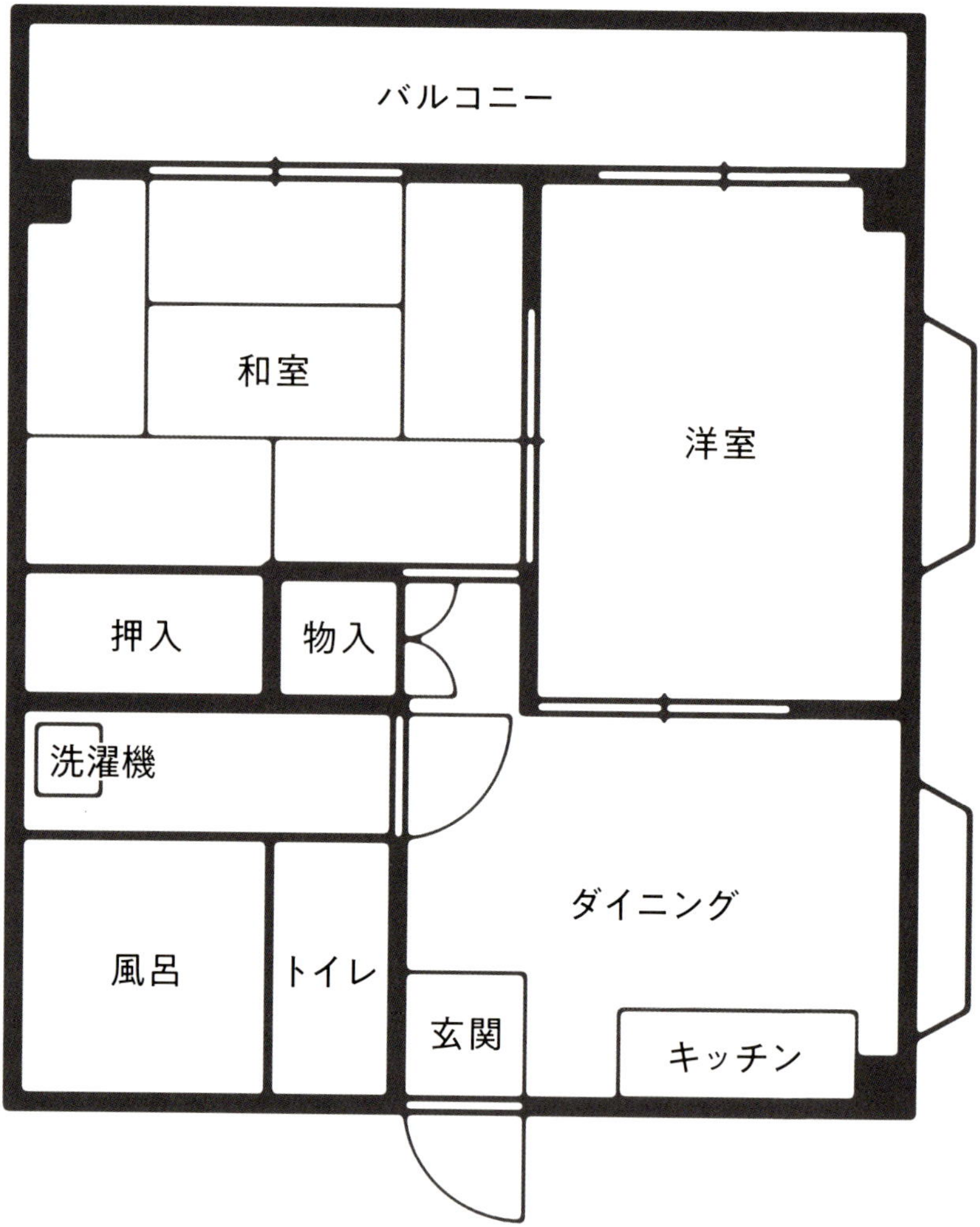

第1章

狭い賃貸を「ふたりで心地よく暮らす」ために

わが家のポイントである大きな出窓は、狭い部屋を広く見せる効果もあるため、窓が隠れない位置に家具を置いています。

大きな家具は持たない

「築30年」「賃貸38㎡」という、ふたりで暮らすには狭い間取りですが、「2人分の物があるとは思えない」「スッキリしていて広く見える」と褒めていただくことが多くあります。

ふたり暮らしの狭い部屋を広くスッキリ見せるために、わが家には大きな家具を置かないようにしています。高さや幅のある家具は圧迫感があり、部屋が狭くなったり、暗くなったりするためです。

大きな収納棚があると、自由に物が置けるため、つい物を増やしてしまいます。物が増えると整理整頓をしようと収納グッズが増え、負の連鎖が起きるように思います。

大きく場所をとっていたテレビも処分し、ポータブルテレビに。小さい画面ですが、とくに見にくさは感じません。

来客用にアルテックの座布団とカバーのセットを購入。置くだけで部屋のアクセントに。ソファ代わりとしても愛用中。

プライベートビエラ。ワイヤレスタイプなので、配線がごちゃごちゃすることもなくなりました。防水タイプで、自由に持ち運びができ、お風呂でも使っています。

床には何も置かず「浮かせる」

ゴミ箱やティッシュ、カバンも床から浮かせることで、スッキリを維持しています。

洋室だけでなく、寝室として利用している和室も物は少なめです。

引っ越した当初は、床に物を置くようなインテリアを試したこともありましたが、部屋が狭いと邪魔になったり、掃除が面倒と感じることも。

大きな家具と同様、なるべく床に物を置かないことで、部屋が広く、奥行きがあるようにも見えます。

床に物を置かないと、自然とすぐに片づけもできるようになりました。私も彼も面倒くさがりな性格のため、物を出しっぱなしにしてしまうこともありましたが、床に物を置いていないので、すぐに片づけようという気が起きます。

また、ゴミやホコリもよく目立つようになり、面倒だと感じていた掃除も自然に行う習慣ができました。

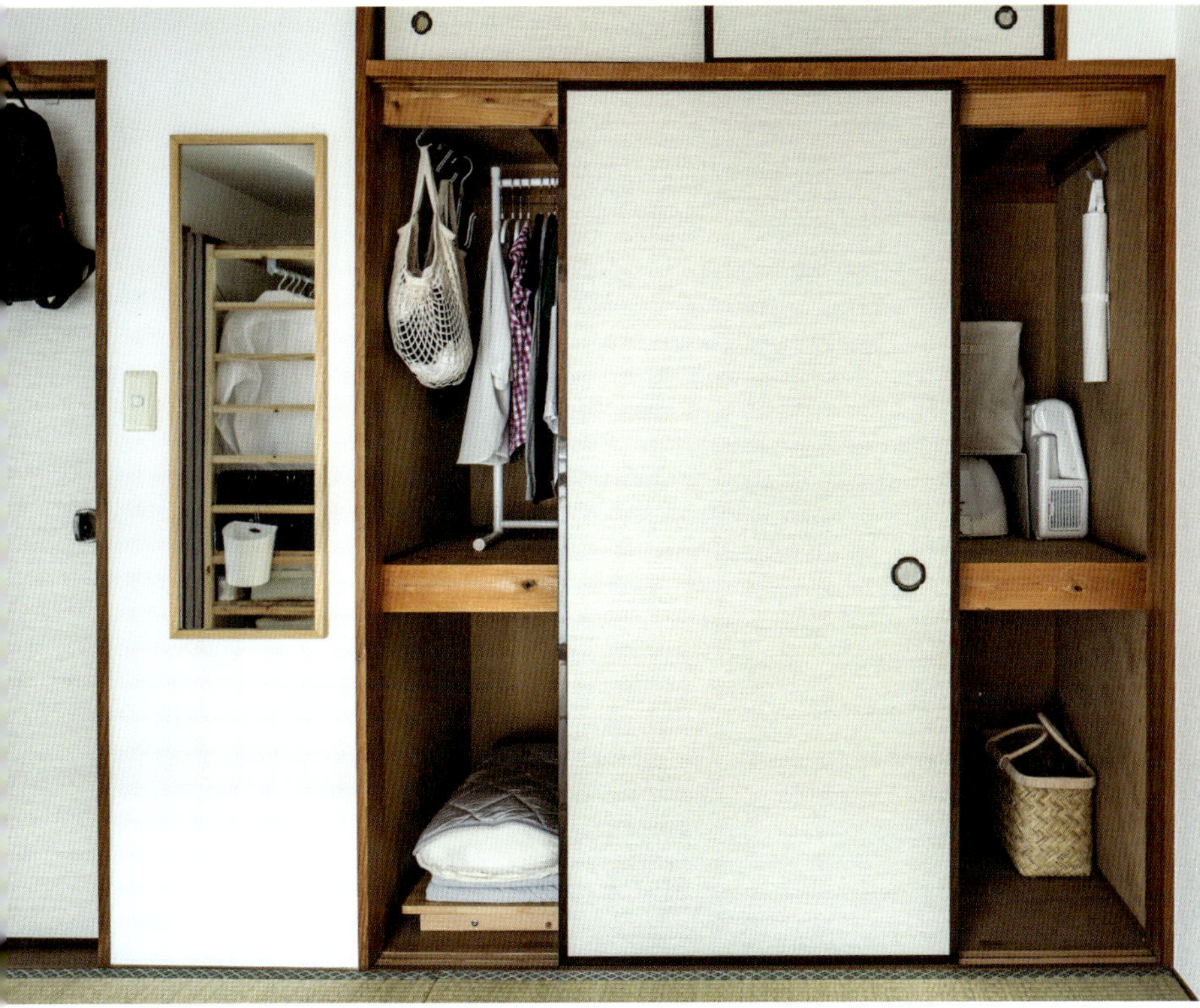

つい物を詰め込みがちな押入こそ、「奥の壁が見える」状態をキープして。

物が少なければ、管理の手間も生まれない

今では「信じられない」とよく言われますが、ひとり暮らしをしているときの私は、ほしい物は我慢せずに即購入するタイプ。

一方、パートナーは物の管理が苦手なタイプで、同じ物を何個も持ってしまうことも。

ふたり暮らしを始める前の私たちは、シンプルな暮らしからは程遠い、物にあふれた生活でした。

でも、ふたり暮らしを始めてからは、貯金のために節約し、お互い必要最低限の物だけ持つことにしました。

「収納スペースに入る分だけ」と所持する数を決めて、一つ増えたら不要なものを一つ手放すというルールにしてからは、お互い物が増えなくなりました。物がなければ管理の手間も増えず、家事が楽です。

部屋のあちこちで使い回せる収納グッズ

収納グッズにはいろいろありますが、「キッチン用収納ケース」など、使う場所に特化したものは基本的には買いません。

コの字スタンドやS字フック、つっぱり棒など、どこでも使い回せる収納グッズを愛用しています。

シンプルで使い回しができる物を選ぶことで、持ち物や物の収納場所が変わっても、新たに収納グッズを買い足す必要もありません。同じものをキッチンでもリビングでも使っています。

また、同じメーカーで揃えることもポイントです。見た目に統一感が出て、並べて使ったときに見栄えがよくなります。

とくに無印良品は規格が統一されており、買い揃えやすく気に入っています。

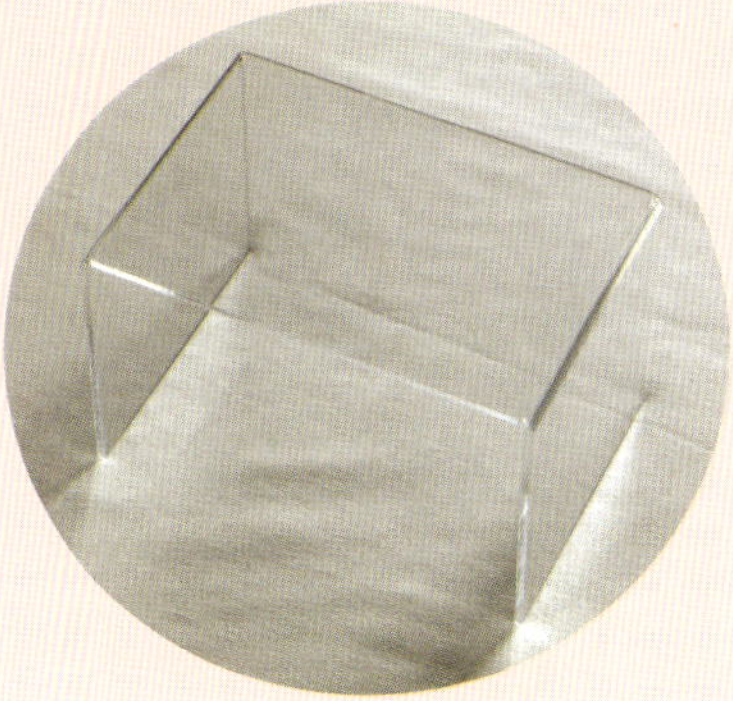

コの字スタンド

無印良品のもの。奥行きや高さがあるスペースを上手に使える。透明タイプは見た目もスッキリ。

シンク下で鍋類を置いて。右側は仕切りスタンド。

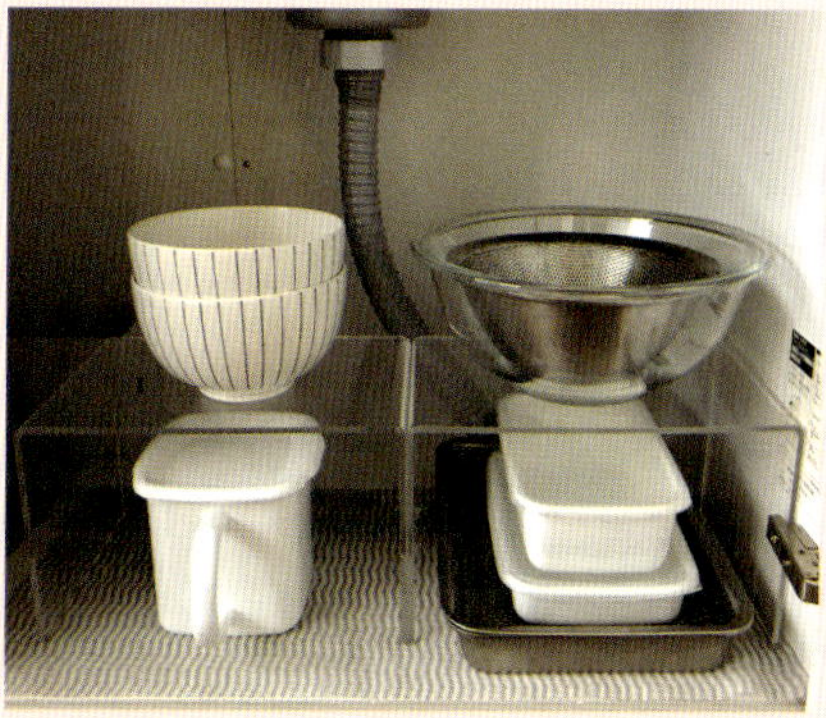

シンク下で2つ並べて。専用の棚を買わなくても棚がつくれる。

スチールタイプ。押入では大きめサイズを使用。下にアイロンを置いて。

木のタイプ。シンク上の食器スペース。今まで重ねたままだと出しにくかった食器も出しやすく。

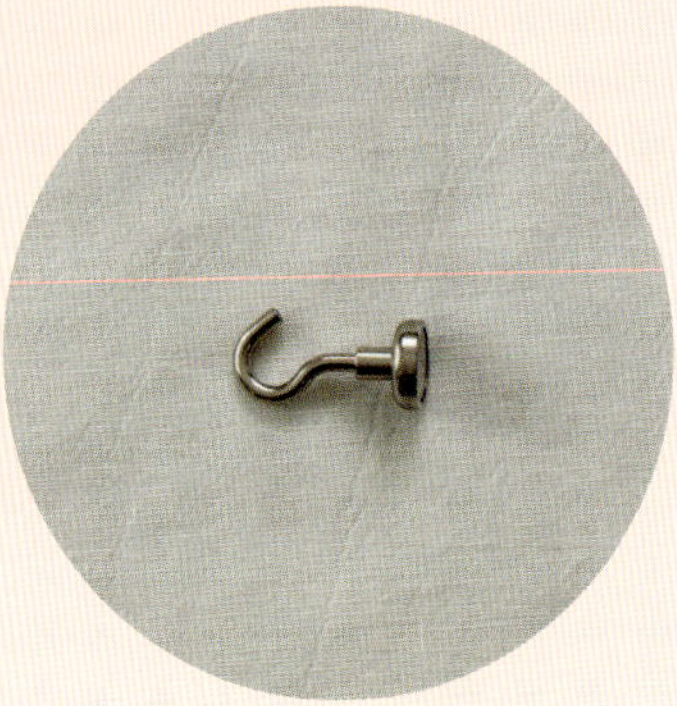

マグネットフック

珍しい形のフック。小さいけれど強力な磁力。フックはちょっとしたものをかけるのに重宝。

キッチンシンク横のシェルフにつけ、布巾をかける場所に。小さいのでどこにでもつけられる。

冷蔵庫横に鍋敷きをかけて。

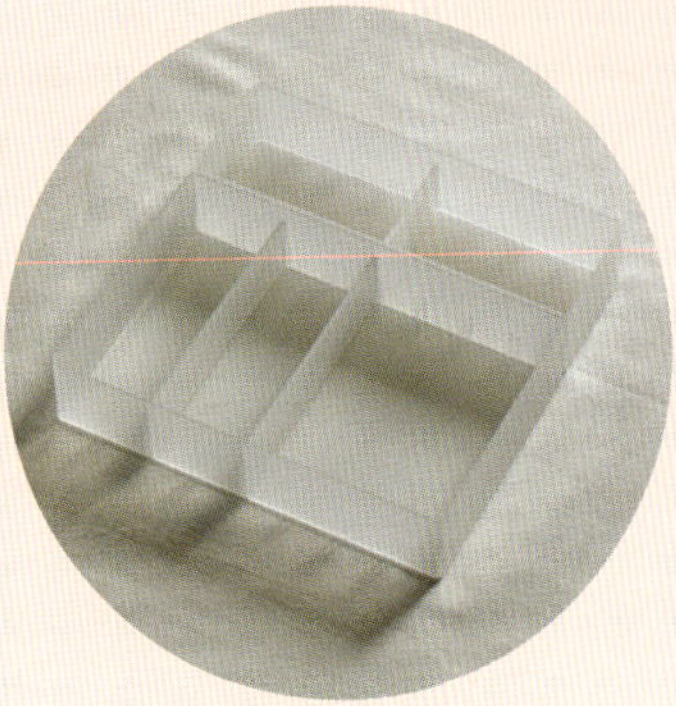

整理トレー

仕切りの数や位置を変更できる無印良品の整理トレーは、細かい物を収納するときに便利。

引き出しの中を整理トレーで分け、「1アイテムに1つの住所」を確保。

ポイントカードを立てかけて収納。

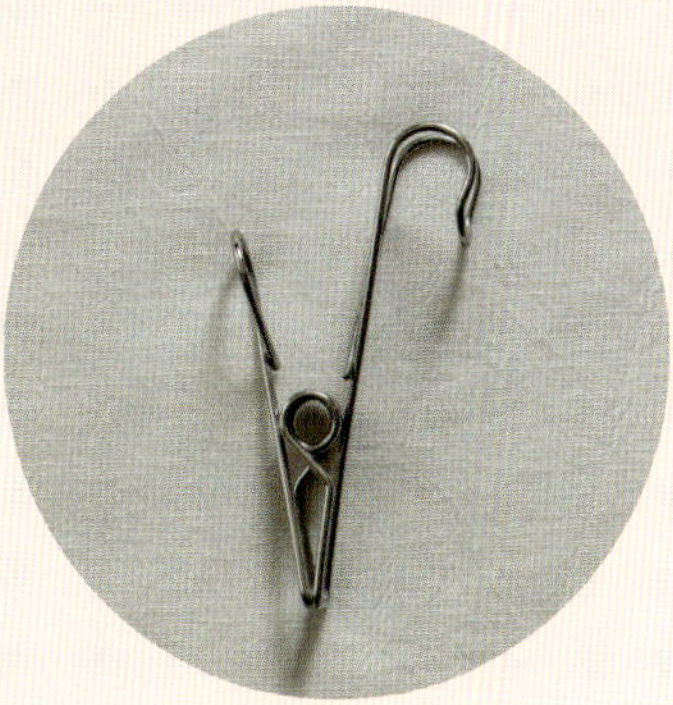

ワイヤークリップ

物を挟んで吊るす。タオルなどやわらかいものを挟んで。写真は無印良品のもの。100円ショップにもある。

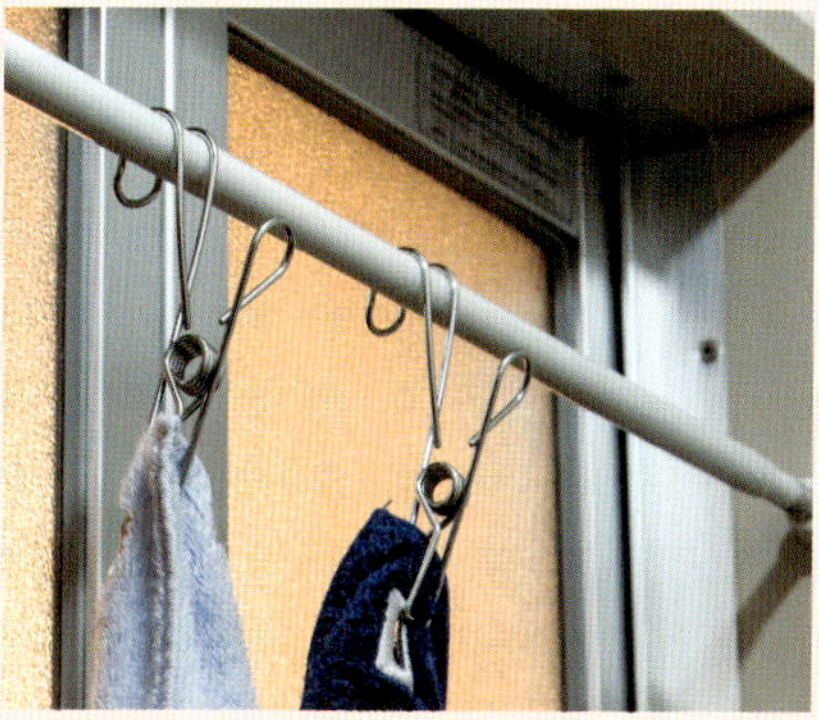

浴室のドアにつっぱり棒を渡して、タオルをかける場所に。

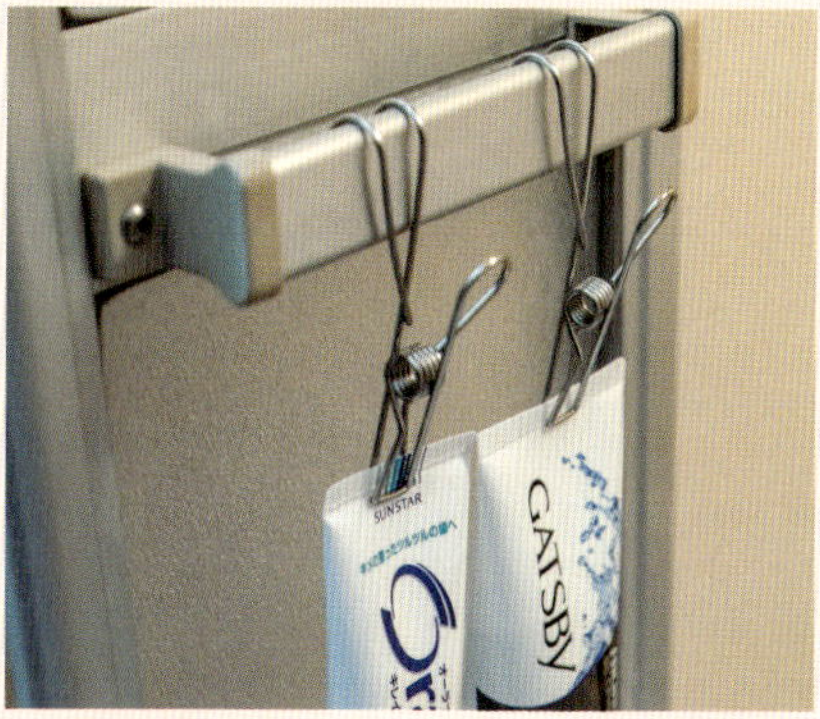

お風呂場に洗面所があるため、浴室のドアに歯磨き粉を吊り下げて。

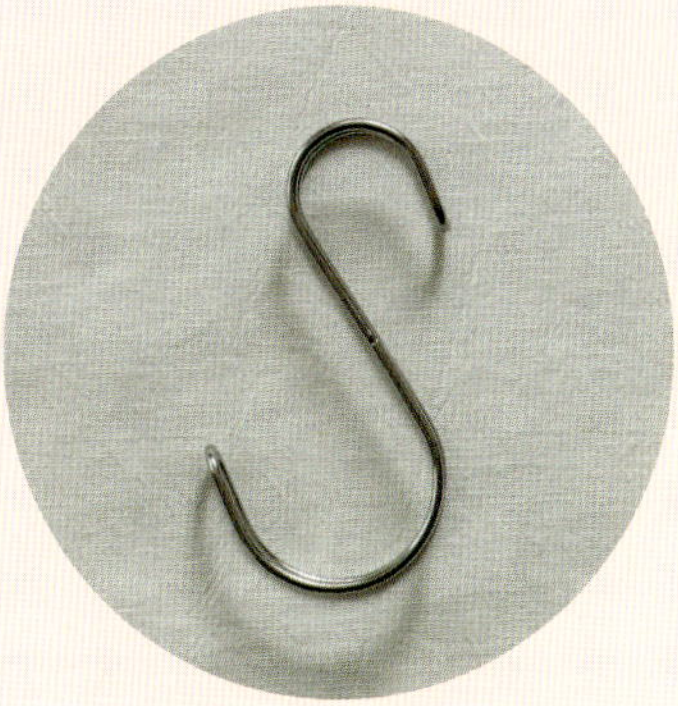

S字フック

床から物を浮かせたいときに便利なS字フック。二重タイプだとより安定感がある。

押入につっぱり棒を渡して。Towerのアイロンマットは、使わないときは丸めて吊り下げられる。省スペース。

パートナー専用の身支度スペースでは「かける収納」がメインなので、S字フックを多用。

クリスマスツリーはニトリのもの。サンタクロースの置物はノルディカニッセ。ケーラーアーバニアのキャンドルホルダーは、部屋の窓から漏れる光がとてもきれい。

飾るのは、1輪挿しか小さなツリー

元々小物や雑貨が大好きだった私は、飾りもので部屋の雰囲気を変えたり、インテリアを楽しんだりすることが大好きです。

けれども、置く場所を広くとれないため、季節の飾りものはクリスマスのみ。狭い部屋に合わせて小さなツリーや人形、キャンドルを置いています。白樺のツリーなのでクリスマスシーズン以外にも飾ることができて、長い期間楽しめます。

部屋に植物を置いて、雰囲気をガラリと変えることも。家具や持ち物の色を統一し、部屋が殺風景になりがちなので、お花や植物がアクセントになって全体が明るくなります。

飽きっぽい性格の私は、飾っている小物もすぐに変えたくなるので、限られた範囲内で、インテリアを楽しんでいます。

空き瓶を花瓶代わりに。飽きたら処分しやすく、色つきガラスは気分が変わって楽しい。

6月生まれなこともあって、紫陽花は一番好きな花。1輪でもインパクトがあり、うす紫がアクセントに。

近所の花屋さんで見つけたコットンツリー。和室との相性も良く、値段も手頃でした。水もいらず、長持ち。

第 2 章

大人だけの暮らしに、
多くの物は必要ない

1年着ていない洋服、使っていない化粧品…。定期点検し、潔く手放すようにしています。

「使わない物は家にない」状態をめざして

ふたり暮らしをする前は「いつか使うかもしれない」とよく考えずに購入したり、「来年使うかもしれない」と、使う予定がない物を捨てられずにいました。

でも、思いきって使わない物を一気に処分。捨てるときは「まだ使うかも」と思いましたが、処分後に一度も必要にならなかった物がほとんどでした。

処分する物の判断基準は、大きく分けて2つあります。1つ目は「1年間使用していないか」です。最後に使用したのはいつかを考え、1年間使用しなかったものは今後も使用することが少ないので、処分します。

2つ目は「ほかの物で代用できないか」です。本当に必要かどうかを考えて、代用できるものは代用し、なくても困らない場合は処分します。

多用できる物を買う。多用するつもりで買う

上のスツールは無印良品。下のかごバッグはネット通販で購入。どちらもいろいろな使い方ができ、インテリアとしても役立っています。

「もし部屋が広かったら……」と考えると、やってみたい収納やインテリアはたくさんあります。

ついおしゃれな雑貨を購入しそうになることもありますが、少ない物で暮らすために、家具や雑貨を購入する際は使い回しができるかどうかを第一に考えます。

たとえば、普段リビングで植物を置いているスツールは、来客時にダイニングでベンチとして使用しています。ほかにも、かごバッグを書類を入れるかごとして使ったり、ピクニックのお弁当入れにしたりします。

シンプルなデザインなら、使う場所に関係なく使い回しができ、使い方によってはまったく違うイメージになり、模様替えの幅も広がります。次はどう使うかを考えるのも、小さな楽しみです。

5個入りのティッシュは、和室とダイニングにひとつずつ。残りの3箱はリビングのスタッキングシェルフの引き出しに。薄型の箱なのですっぽり入ります。買い足すのはここがゼロになってから。

日用品のストックをなるべく持たない工夫

以前はティッシュやトイレットペーパー、洗剤などはまとめ買いをし、ストックを多く持っていました。けれども、ストックがあることを忘れて買い物に行き、同じものをまた購入という失敗も、数多くありました。

現在は、物の管理をしやすくするために、日用品は多く持たないようにしています。

日用品の種類を厳選することで、買い物の頻度を極力減らしています。たとえば、バス、トイレ、キッチンの掃除用洗剤はウタマロクリーナー1本で済ませています。

なるべく専用の物は持たず、ほかの場所でも使える物を共有するようにしています。

ストックがない代わりに、アパートから徒歩30秒圏内にドラッグスト

私の場合、ストックがあると早く使いきりたくて消費量が増えてしまうこともあり、出費も増えてしまうため、日用品の買いだめはしないように心がけています。

アとコンビニがある物件を選びました。ティッシュなどが切れたときはすぐに買いに行けます。

最近では、日用品をネット通販で買うことも多くあります。

時間や場所に関係なく、気がついたときにいつでも注文でき、翌日には届けてくれるのでとても便利です。

ネット通販なら、インターネット上にポイントが貯まるので、お店のカードを忘れてポイントをつけてもらえなかったということもなくなりました。

消耗品のストックを持っていないため、街頭で配られるポケットティッシュも、自宅でありがたく使用しています。

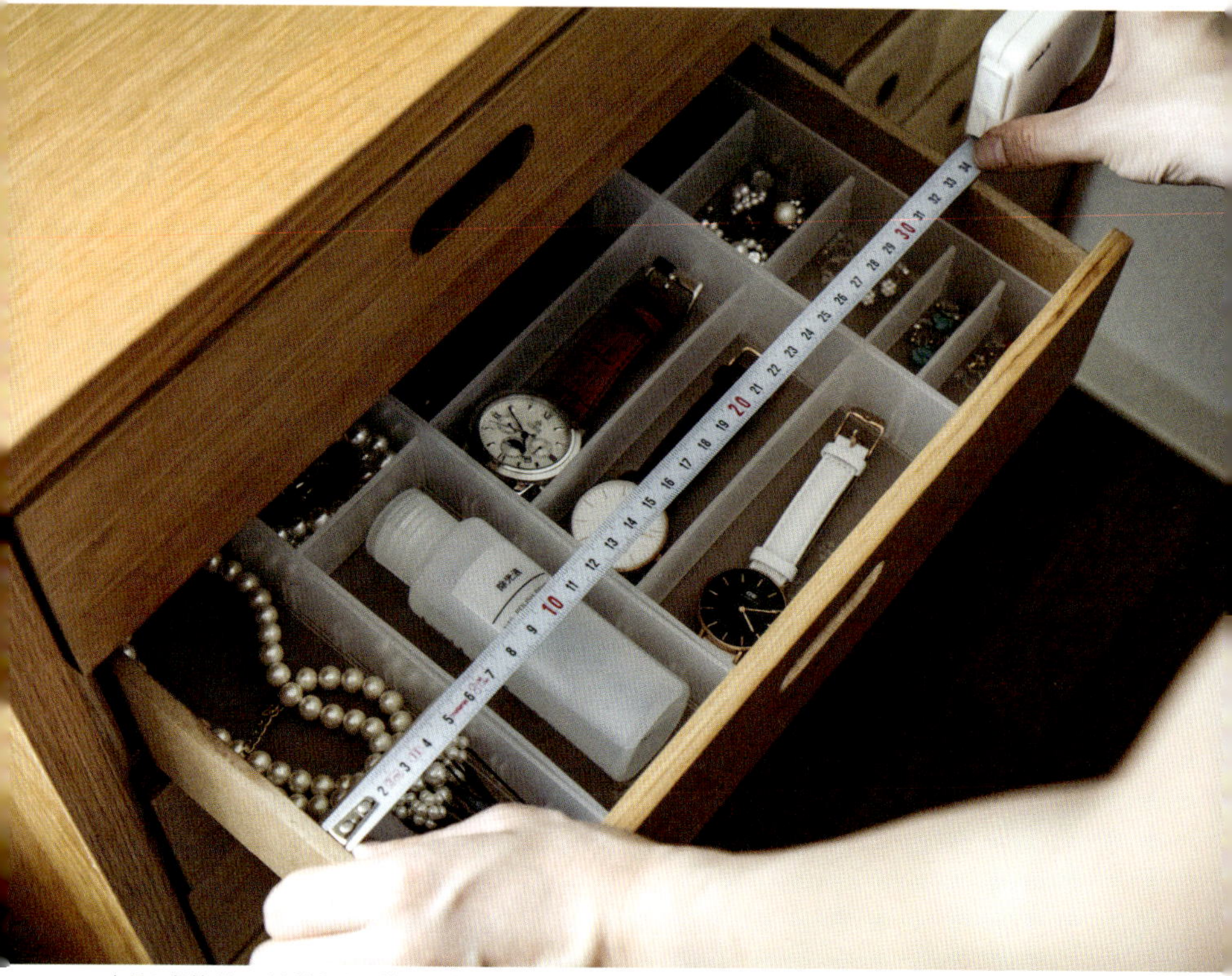

家具や収納グッズを購入する際は、寸法を測って置き場所や用途、インテリアに合うかをよく考え、迷ったらすぐには購入しません。

「ここに入るか」サイズは必ず測ります

以前「このくらいの大きさなら大丈夫かな？」と買った収納グッズが、わが家のどの場所にもサイズが合わず、使えなかったことがありました。

それからは、何かを購入するとき、実際に収納したい場所の寸法を測るようにしています。

たとえば、スタッキングシェルフの引き出しに合う収納グッズを買いたいときには、メジャーで寸法を測ってから買い物に行っています。

収納グッズを買うときのポイントは、メーカーとアイテムを統一することです。

毎回サイズを測る手間が省け、バラバラで購入してサイズが合わないという失敗もなくなります。

その点でも、やっぱり無印良品は寸法が統一されていて失敗がありません。

写真、書類、漫画、DVDなどは収納スペースを多くとるので、あえて「持たない」という選択をしています。

かさばる紙類はデータ化、ファイル化で減らす

実家で保管している以外の手持ちの写真はすべてデータ化しています。アルバムは見返す機会が少なく、収納スペースもとりますし、写真が劣化してしまうのを防ぐためです。

現在はスマートフォンでの撮影が多いので、いつでも見ることができ、アプリなどで簡単に現像もできます。

書類はたくさんあると管理も大変になるので、こまめにチェックし、紙1枚でも不要なものは、ためずに処分するようにしています。

漫画やDVDはレンタルショップで借りて、映画はアマゾンプライムビデオで観ています。

保証書、契約書は探しやすいように、クリアファイルに入れ、必要なものだけ保管。

保管＆宅配サービスのポニークリーニング。自宅まで引き取り・届けにきてくれるので、とても楽。

クリーニングの保管サービスはとても便利

必要最低限の物しか持たずに暮らしていると、たまにしか使わない物が必要になるときもあります。

そうした場合にも、わざわざ購入はせずレンタルで代用しています。「外に物を預けている」感覚です。

たとえば、年に数回しか使わないアウトドア用品や浮き輪などをレンタルしています。収納場所をとらずに、必要なときだけ利用できるので、とても便利です。

ほかにも、宅配クリーニングを利用し、冬物のアウターやスーツをシーズンオフ期間は預けています。

冬物の洋服はかさばるので、収納場所に悩んでいましたが、宅配クリーニングならクローゼットがなくても預けることができます。

そのおかげで、スッキリとした押入を保つことができています。

処分するよりも、メルカリなどで手放す

インテリアに合わなくなった物でも、自分が気に入っていた商品をまた誰かに使ってもらえるのは、とても嬉しく感じています。

物を集めることが好きだった私は、「自分が使わなくなっても、ほかの人の役に立つかもしれない」と、物を処分するときはフリマアプリを利用するようにしています。

たとえば、ひとり暮らしのときに持っていたパソコンラックや衣類乾燥機などの大型家具・家電は、ふたり暮らしを始めるときにメルカリに出品し、ほかの方に譲りました。

売る際のポイントとしては、無印良品などの人気商品を購入した際、売ることも考えてていねいに扱うことです。

新しい物を購入するときは必ず、不要な物を処分してから購入しますが、メルカリの売上金を使って、新しい物を買うこともよくあります。

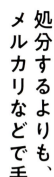

Aesop.
ON
Murchison-Hume.
EVERYDAY FURNITURE SPRITZER
White Grapefruit

第 3 章

ふたり分の食事は
これだけで回せる

メインの肉や魚はその日につくります。つくりおきのおかずは、食べたいものを1枚のお皿に乗せて、バイキング形式に。

遅い夜もつくりおきですぐに夕食

朝起きてから朝ごはんやお弁当の準備をしたり、仕事から帰宅してバタバタと夜ご飯の準備に追われることがないよう、平日はつくりおきをするようになりました。

平日の朝は彼の家を出る時間が早いため、つくって冷凍しておいた焼きおにぎりやたまごサンドを持たせています。

夜は自宅で一緒に夕飯を食べることが多いです。

平日につくりおきを食べることで、どちらかが遅くなってもすぐに夕飯の支度をすることができています。

お弁当はつくるのが負担にならないよう、週3日と決めて、健康に気遣ったメニューにしています。

休日は2人で出かけることも多く、外食で好きなものを食べて、気分転換しています。

つくりおきをお弁当に

お弁当は無印良品の、保存容器になる弁当箱。保存容器としても使っています。

朝ごはん

ベーコンと目玉焼きを乗せたラピュタパン。
トースターの代わりに網焼きで。

朝食にはなめこのお味噌汁。スープジャーに入れてお弁当と持っていくことも。

持っていく朝ごはん用に焼きおにぎりやたまごサンドもつくりおき。

つくりおきはだいたい7～8品つくります。これで平日5日分の副菜はほぼまかなえます。

買い出しとつくりおきは週末まとめて

1週間に必要な分の食材は、週末にまとめて買い物をしています。1週間で使い切れる量を買って、夜ご飯のメインのおかずとつくりおきのメニューを決めています。

週末につくりおきをすることで、平日の料理時間の短縮にもつながります。また、買い物も1週間に一度まとめて買うと決めることで、1週間分の献立を決めることができ、余分な食材を買ってしまうこともなくなります。

冷蔵庫の中身が1週間に一度空っぽになるので、冷蔵庫の中身が把握できることも大きなポイントです。

よくつくるおかずは、お弁当にも使い回しができるかぼちゃの煮付けやひじき、きんぴらごぼうなど。レパートリーを増やせるよう、レシピを見て勉強中です。

1週間分のつくりおき用の食材

肉や魚はまとめて買ってきて、冷凍しておきます。週末には冷蔵庫も冷凍庫もガラガラに。

保存容器

保存容器はガラス製と琺瑯《ほうろう》を使用。ガラス製はイワキのパック＆レンジ。琺瑯のものは野田琺瑯ホワイトシリーズ、レグタングル浅型と深型。

まな板はビタクラフト、包丁は吉田金属工業のグローバル。
黒いまな板は汚れが目立たず、手入れが楽です。

シンプルで長く使える調理器具を厳選

ひとり暮らしの頃は、便利な調理家電や器具をたくさん持っていました。

ふたり暮らしを始めてから、料理をする回数や量も増え、調理器具でスペースが狭くなることが悩みでした。

便利だからと購入したはずが、調理スペースを狭くしていたり、掃除や洗う手間が面倒で、いつの間にか使わなくなっていました。

そこで、キッチンで必要なものを見直し、使わない鍋やフライパン、複数あるボウル、スペースを圧迫していたり、掃除しにくい調理器具などは処分して、スッキリさせました。

調理器具を購入する際は、シンプルで長く使えること、食洗機対応、使いやすいかどうかを重視して選ぶようにしています。

鍋とフライパンはティファールのもの。取っ手が取れるのでコンパクトに収納できます。鉄瓶の急須は南部鉄器。重量感がありますが、岩手県出身ということもあり愛着を持って使用しています。

イワキのガラスボウルは電子レンジ対応で、耐熱なので大きいサイズをひとつ持っていると便利。無印良品の黒いシリコンスプーンは炒め物から盛りつけまで使え、鍋やフライパンも傷つけず、食洗機対応でお気に入り。

砂糖、塩、かつお節、粉物や調味料はそれぞれ密閉容器に入れて、冷蔵庫で保存しています。

調味料は形をそろえて詰め替え

調味料類はパートナーが料理するときでも中身がわかるよう、テプラを貼って中身が見える容器に詰め替えています。

すべての調味料を詰め替えるのではなく、使いにくいと感じるものだけ詰め替えるのがポイントです。

たとえば、オイル類は冷蔵庫横にマグネットの調味料ラックをくっつけて詰め替えて置いています。

詰め替えることで、使うときだけ移動でき、手の届く位置に置くことができて使いやすくなりました。

油類

液だれが悩みだったオイル類もイワキのオイルボトルに。鮮度を保つため、容器の半分だけ入れています。

砂糖や粉類

片栗粉と砂糖はフレッシュロックに入れて湿気を防いでいます。小麦粉は調理中に上からふりかけて使えるTowerの容器を使用。

だし類

かつお節、中華だし、固形コンソメもフレッシュロックに詰め替え。

スパイス、乾物類

スパイスはサラサデザインストアのものに詰め替え。乾物はフレッシュロックに。容器を統一することで、収納スペースにムダなく収まります。

ごま、塩こしょう類

ごま類や和風だしはイワキのふりかけボトルに、塩こしょうは塩こしょう専用ボトルに。

収納庫代わりに、あえて大きい冷蔵庫を

冷蔵庫をお米の収納庫代わりに使いたかったので、ふたり暮らしを始めたときから、「大きな冷蔵庫を買うこと」を目標にして貯金をしてきました。最近念願叶って、大きめの冷蔵庫を購入。共働きでまとめ買いをする人におすすめの商品という、517ℓのものに決めました。

狭いキッチンですが、寸法もしっかり測ってぴったり収まっています。

食品は週末に1週間分をまとめ買いし、週の後半には冷蔵庫の中が空っぽになるようにしています。そのタイミングで冷蔵庫内の掃除も行います。

冷蔵庫の収納で心がけていることは、「どこに何があるか、ひと目でわかるようにすること」です。

たとえば、冷蔵庫の中すべてを白で統一してしまうと、中身がわかりにくくなり、手間もかかるため、醤油、酒、みりんなどは無理に入れ替えたりはせずに使用しています。

以前より冷蔵庫の収納スペースが増えたため、食材や収納グッズを買いすぎないように気をつけています。

1段目は出し入れしにくいので、基本的には空けていますが、お茶や水のペットボトルを入れることも。

2段目は予備スペースとして空けておき、入りきらない食材を置いています。

3段目、4段目には共通してつくりおきを置いています。

お味噌汁のつくりおき。

お味噌も詰め替えてここに入れています。

無印良品のトレーに納豆やたまご、ヨーグルトなどを乗せて収納。取り出しやすさを重視しています。

ドアポケット

左

みりんや醤油などよく使う調味料は、あえて詰め替えず、そのまま収納。

右

ドアポケットにはよく使う調味料や、水出しでつくった飲み物を収納。

左からいりごま、すりごま、和風だし、塩コショウ、塩。

倒れやすい薬味チューブは100円ショップのチューブホルダーに入れて。

野菜室

米は毎月5kgずつ購入し、米びつごと野菜室に収納。シンプルな米びつは使い勝手が良く、重宝しています。

冷凍室

パスタやそば、海苔、グラノーラなど湿気に弱いものはケースや袋に入れて冷凍保存。パートナーの朝ごはん用の焼きおにぎりを1週間分つくって入れています。

食器好きなので、持っている食器はすべてお気に入りのもの。イッタラと無印良品のものが好きで、シンプルなデザインと重ねて収納できるものを選んでいます。

「料理を選ばない」プレーンな食器たち

ひとり暮らしのときは食器集めが好きで、かなり多くの量を持っていましたが、収納スペースがパンパンで奥から取り出すのもひと苦労。結局使うのはいつも同じものでした。

今でもおしゃれな食器を見ると集めたくなりますが、お気に入りを収納スペースに入る分だけ持つようにしています。

食器を購入する際は、和洋どちらにも使えるか、どんな料理に使いたいのか、ひとつで使い回しできるかどうかを気をつけて選んでいます。

たとえば、ひとつで蕎麦猪口、湯のみ、茶碗蒸しに使えるなど使い回しできるかどうかです。

使い回しができるお気に入りの食器を、収納できる量だけ持つことで、間に合わせで食器を購入することがなくなりました。

フリーザーバッグやサランラップ、スポンジは必要最低限です。食器スポンジとシンク用スポンジはどちらも100円ショップで購入。布巾はスコープで購入したジョージゼンセンダマスクと無印良品麻クロス。

ラップやスポンジもストックしない

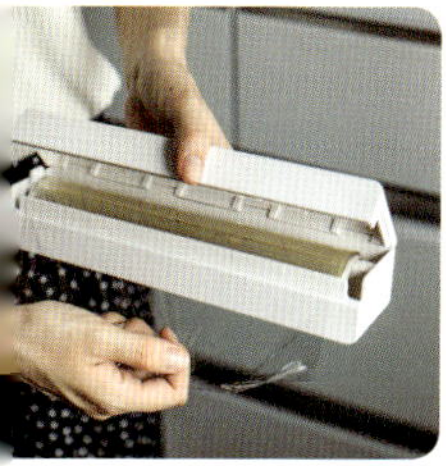

意外と収納場所をとるフリーザーバッグやサランラップは余分なストックを持っていません。

スポンジも食器洗い用とシンク掃除用で使い分けていますが、小さくカットすることでかさばらず、コスパもよくなりました。

シンク用は使い捨てにすることで、汚れたスポンジの置き場所に悩むこともなくなりました。

使用頻度の高いラップとアルミホイルはＴｏｗｅｒのマグネットつきラップケースを使用しています。

冷蔵庫にくっつけることで、圧迫感もなく、収納スペースも取りません。色もホワイトなので、冷蔵庫にも馴染み、見栄えもバッチリです。巻き戻りもせず、切れ味もいいのでお気に入りの商品です。

コーヒーは水出し用の粉を入れるだけで、とても簡単につくれます。ハリオのボトルは保存もしやすく見栄えもいいので、今後もレパートリーを増やし、愛用したいです。

ハリオのボトルで「水出し」作りが楽しみに

買い物とゴミを減らすために、お茶やコーヒー、レモン水を水出しでつくって飲んでいます。

お茶は水と水出し用の茶葉、コーヒーは水出し用の粉を入れるだけ。寝る前につくっておけば、翌朝には出来上がっているため、簡単です。

レモン水もスライスレモンと水を入れるだけなので、とても簡単。なくなったときはパートナーもつくってくれます。

ハリオのボトルはガラス製なのでにおいや汚れがつきにくく、円形なので手洗いがしやすいです。食洗機にも対応しており、熱湯もＯＫ。

ワインボトルのような形なので、そのままテーブルの上に乗せてもおしゃれに見えます。

今年は水出汁と梅シロップも始めました。水出汁は、出汁昆布と煮干

梅シロップ

南高梅と氷砂糖を瓶の中に入れて毎日かき混ぜるだけで、おいしい梅シロップの完成です。

水出汁

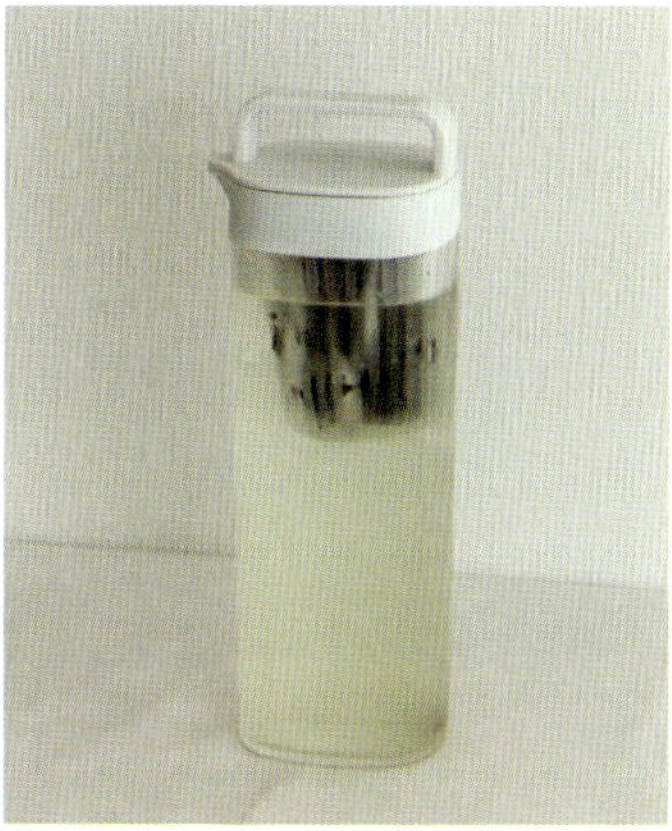

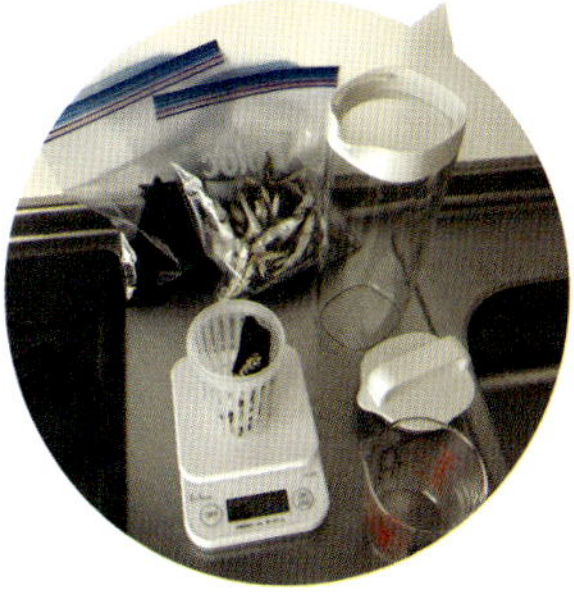

無印良品の麦茶ポットで水出汁作り。
お味噌汁に使用しています。

ハリオのボトルで水出し

しを購入してそれぞれ10グラムずつ入れて水を注ぐだけ。おいしい出汁がつくれます。2、3日で使い切れる量の水を入れています。

買い物は徒歩でスーパーに行っているため、重たいものを持ち帰るのが大変でしたが、水出しで飲み物をつくるようになってから、買い物が楽になりました。

第 4 章

狭いキッチンを広く使う工夫

賃貸キッチンの変えられない色をアクセントに

キッチンパネルの色は白がよかったのですが、物件選びの際、一番きれいで広かったので今のアパートに決めました。

どうにかしてこのキッチンの「赤」を活かして、おしゃれに見える方法はないかと考え、家電やラックなど周囲に置くものをホワイトや木目調のナチュラルな色にして、赤をアクセントにしようと考えました。

色を一色に限定して物を選ぶほうが簡単なので、目立つ色や何色も使用したインテリアは避けていましたが、このキッチンのおかげで色を活かしたインテリアの楽しみ方を学びました。

最初は好きな色ではないからとあきらめていましたが、今ではわが家で一番お気に入りの場所です。

水切りかごは置かずに吊り下げラックで

このラックは錆びたり壊れることもなく、今の生活でも大活躍しています。ワイヤーラックにフックを引っかけて、マグカップを吊り下げていたことも。

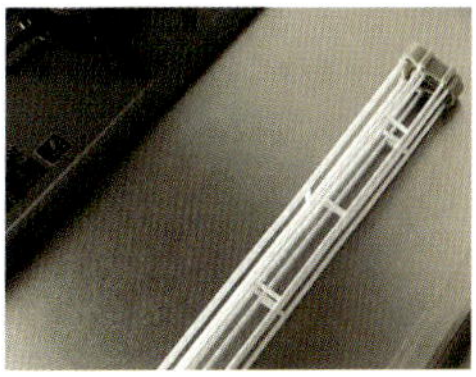

以前使っていたTowerの水切りラックは、使わないときに丸められて便利。

吊り戸棚に取りつけたラックは3coins。ひとり暮らしを始めた頃、最初に購入した収納グッズで、今年で4年目です。いろいろな物を断捨離してきましたが、便利すぎてこれだけはずっと愛用しています。

洗った食器を置けるだけでなく、水切りかごも不要なので、わが家になくてはならないアイテムです。

シンクの下に水が落ちるので、シンク周りがびちょびちょになることもなく自然乾燥ができます。

手洗いの食器や食洗機に入らない食器、よく使うグラスを置いたり、収納スペースとしても使っています。

狭いキッチンなので、水切りかごは使ったことがありませんが、代用できるものを探し、スペースをできるだけ広く活用できるようにしています。

白のシェルフが空間を邪魔しない

食洗機を置くために購入したシェルフは、値段も手ごろで頑丈。高さも自由に変えられ、分解することもできます。

現在はキッチンの真横に置き、キッチン用品を置いていますが、シンプルなデザインなので、今後引っ越しをしたときでも、使い回しができるアイテムだと思っています。

シェルフのおかげで、キッチンでよく使う物が、手の届く位置に置くことができ、調理がスムーズになりました。

最上段にはカトラリーと保存容器を。食洗機で乾燥させたあと、戻しやすいようにしています。

［右ページ］
シェルフはベルメゾンのレンジ台。シンク横のスペースと食洗機が置けるサイズのシェルフをやっと手に入れました。使い勝手も良くお気に入り。

食洗機に食器を入れておくことで、収納スペースとしても活用。

炊飯器とケトル。棚がスライドできるので使いやすい。

ゴミ箱を使いやすく

無印良品のゴミ箱にキャスターをつけて。調理中も自分のそばに動かすことができる。

後面にケースをつけて、スーパーのレジ袋の収納場所としてアレンジ。マジックテープで楽に取り外しできる。

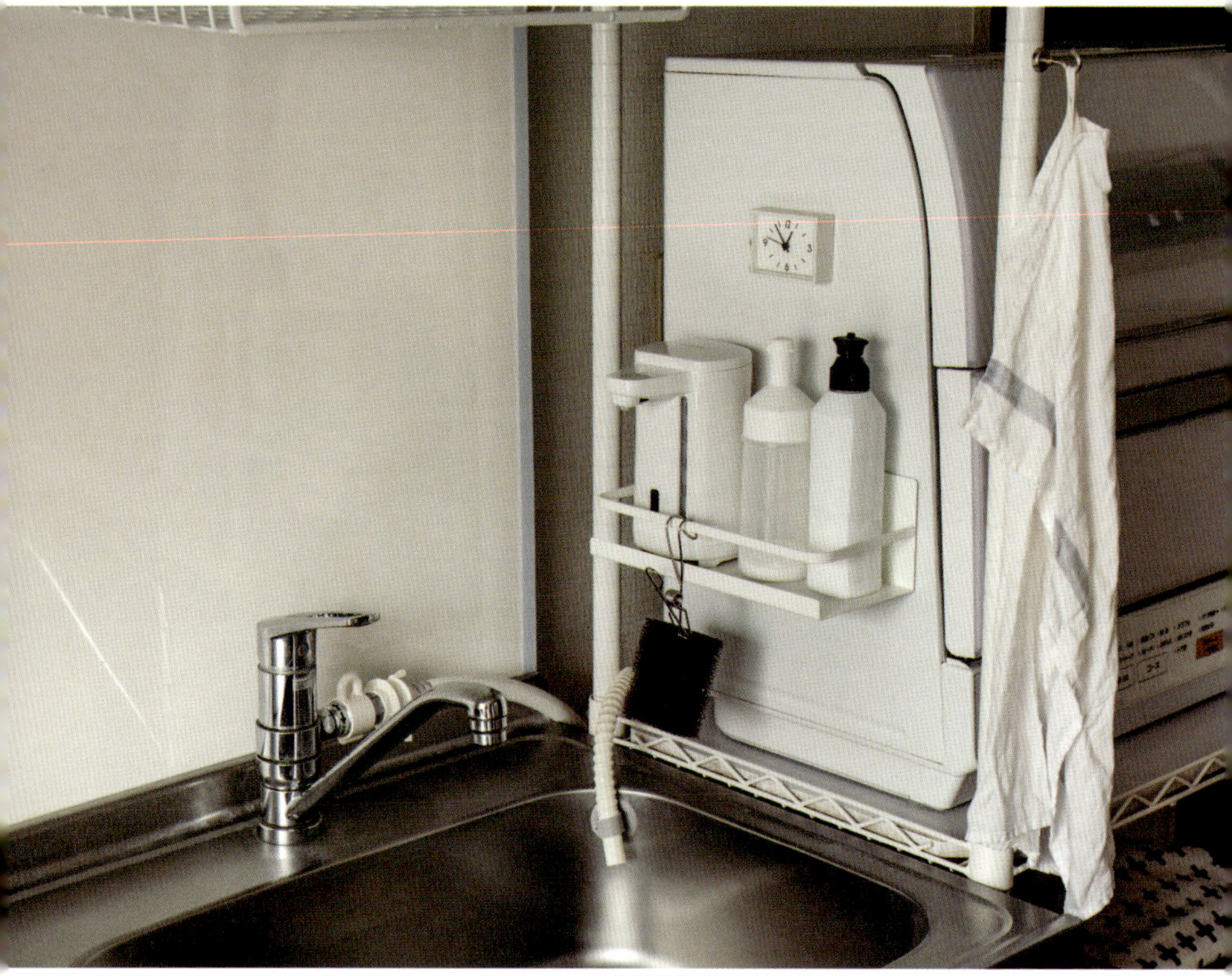

マグネットラックにあるのは左からハンドソープ、食洗機用洗剤、食器用洗剤。
黒のスポンジはセリアのもの。ワイヤークリップで吊るして。時計があると便利。

シンクも洗剤やスポンジを「浮かせて」清潔に

食器用洗剤、ハンドソープ、食洗機用洗剤はシンクの上に直置きするのが嫌なので、マグネットラックに置いて食洗機横にくっつけています。スペースをとらない浮かせる収納で、シンク周りがスッキリ見えます。

布巾は専用のタオルホルダーは使わず、シンクのすぐ横のシェルフにマグネットフックをくっつけて、いつでも使えるようにしています。

汚れがたまりやすい三角コーナーは使わず、深さのある容器にポリ袋をかぶせて生ごみを入れています。

排水口は毎日寝る前にゴミを捨て、スポンジで洗って清潔にしています。ステンレス製のものに変えてからは洗いやすく、ぬめりもなくなり掃除が楽になりました。

何も出ていなければ、ガスコンロを毎日拭ける

キッチンペーパーやタイマーはレンジフードの側面にマグネットでくっつけて、スペースをとらないようにしています。

レンジフードの脇にはパストリーゼのアルコール除菌スプレーをを吊り下げて。

毎日使うキッチンはやはりきれいに保ちたいですよね。こまめに掃除ができるように、ガスコンロ周りにも物を置かないようにしています。

汚れても物をどかすことなく簡単に掃除ができるので、キッチン周りに気を使うことなく料理ができます。シンク用のスポンジに食器洗剤をつけて、キッチンを丸ごと洗いもします。

ガスコンロ周りやシンク周りをいつも清潔に保つことで、「この状態を維持しよう！」とキッチンをきれいに使うようになり、鍋や調理器具などを出しっぱなしにすることもなくなりました。

面倒だと思っていたキッチンの掃除もこまめにできるようになり、パートナーもきれいに使ってくれるようになりました。

シンク上の食器収納スペースに入る分だけ持つようにして、物が増えないようにしています。下に敷いているシートは業務用のキッチンダスター。

シンク上・シンク下の収納は「コの字スタンド」でつくる

誰が見てもひと目で場所がわかるよう、収納は「一目瞭然」を心がけています。

食器棚を持つと、収集癖のある私はとことん集めてしまい、キリがないため、食器棚は持っていません。お気に入りの食器が詰まった食器棚には憧れますが、今はシンク上に食器類を収納しています。

シンク上の食器収納スペースでは、食器それぞれに定位置を決め、コの字スタンドを使って出し入れしやすくしています。食器は重ねると取り出しにくいので、できるかぎり重ねていません。

シンク下の高さを利用して、アクリル仕切りスタンドで上下に収納を増やしています。キッチンばさみやピーラー、軽量カップもフックで吊り下げて、引き出しにしまわなくても簡単に使えるようにしています。調理中すぐに取り出せるよう、コンロ下にはフライパンと鍋類を収納。すべて使うときのことを考えて、わかりやすい、出しやすい、戻しやすいを心がけています。

収納場所に困りがちな鍋の蓋も、扉の内側に粘着フックをつけて、引っかけています。デッドスペースをうまく利用し、かさばらずに収納できるので便利です。

シンク下

シンク下には調理器具などを収納。湿気がたまりやすいため、食品は置いていません。

コンロ下

コンロ下もシンク下同様、調理器具を収納。コの字スタンドと仕切りスタンドで区切って収納しています。

シンク下・扉裏

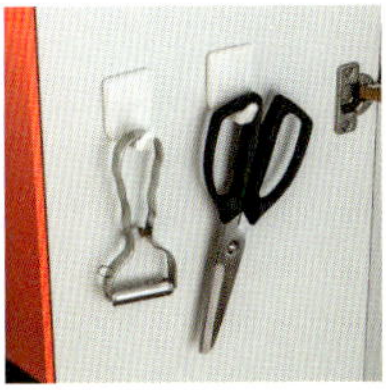

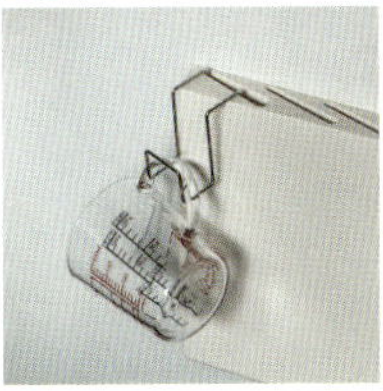

フックで吊り下げていますが、落ちることもなく、快適に使えています。

デッドスペースにぴったり収まるストッカー

シンク下に油などの調味料を置いていないので、「どこに収納しているの？」とよく聞かれます。冷蔵庫横のスペースもストッカーを置いて活用し、その中へ収納しています。

大量に買いだめはしないので、スペースに納まる分だけ入れて、常温保存のものでも、冷蔵庫に入れられるものは入れています。

冷蔵庫横の狭いスペースに、無印良品のストッカーがぴったり収まって。洗濯機の横にも使っており、収納スペースがない場所に最適。

［右上から時計回りに］
最上段は浅めの引き出しになっており、使用頻度の低いカトラリーを収納。
2段目にはお弁当グッズとスポンジ。
最下段の深めの引き出しには、トレーや油、缶詰、調味料など。この引き出しに入るサイズを購入。

サランラップやアルミホイル、鍋敷きなどをくっつけています。場所をとらない「取り出しやすさ重視」の収納。

スパイスラックはTowerのもの。シンクで食器洗剤などを置くラックと同じ。

冷蔵庫の外側はとても使える収納場所

サランラップやジップロックなどの使用頻度が高いものは、できればすぐ使えるように外に出しておきたいと思っていましたが、置き場所に困っていました。

そこで、使いたいときにすぐに使えて、しまう手間も省ける「しまわない収納」を取り入れました。

見落としがちですが、冷蔵庫の横はマグネットがくっつくため、収納の宝庫です。

サランラップやアルミホイル、キッチンタオルなどはくっつけることで、断然使いやすくなりました。

鍋敷きやキッチンスケール、保冷バッグもマグネットフックを冷蔵庫横につけ、吊るしています。

料理中の作業台になる ダイニングテーブル

ダイニングテーブルはIKEAのもの。正方形はどんな場所にも収まりがいい。

ダイニングテーブルは食事のとき以外に、調理の作業台や、買い物した荷物の一時置き場としても使用しています。

リビングからキッチンへの動線の邪魔にならないよう、小さめで正方形のダイニングテーブルを選びました。

2人なので、小さめのテーブルでも食事をする際に困りません。

イスもあえて背もたれがないものを選ぶことで、どの方向からでも座れて、テーブルの下にもしまえるので、場所をとらずに済んでいます。

パートナーは手の届く範囲にティッシュを置いておきたいタイプなので、部屋に何カ所かティッシュの置き場をつくっています。

スタッキングできるスツールもIKEAのもの。生地はミナペルホネンの生地を貼りつけたハンドメイド。

セリアの壁ピタで箱ティッシュを固定。落下することもなく、取り外しも可能。

第 5 章

「どちらも簡単に片づけられる」収納

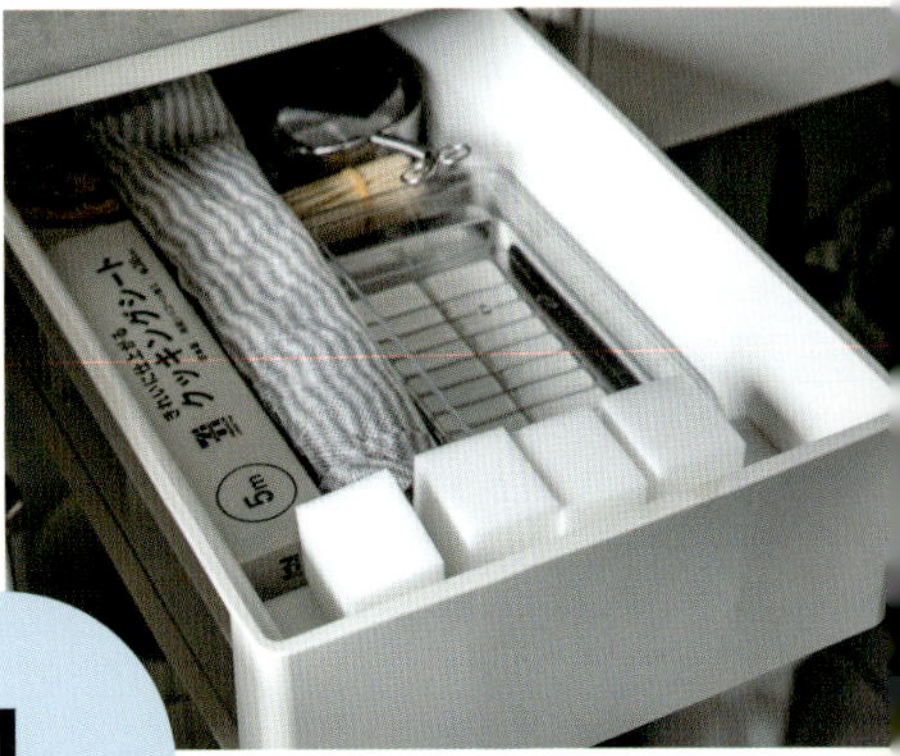

1
action

収納は見た目の美しさも大事ですが、「蓋を開けたら、また蓋」とならないよう、ワンアクションで出し入れできる収納を意識しています。

収納は複雑にしない。「ワンアクション」に

元から面倒くさがりな私とパートナー。ふたり暮らしを始めた当初は、「片づけた、片づけてない」と小さな喧嘩をすることもよくありました。「お互いが片づけようと思える収納」とは何かを考え、出し入れのしやすい、ワンアクションでしまえる収納にたどりつきました。

　たとえば、使う頻度の高いキッチンの引き出しには、蓋つきのトレーなどは入れず、引き出しを開ければすぐに物が取り出せるようにしています。

　また、洋服類もケースにしまうよりも、ハンガーにかける収納にしています。掃除機も吊るしています。

　見栄えだけを追求した自己満足な収納にならないよう、使う人や場所に合わせた、使い勝手のいい収納を考えています。

サラサデザインストアの調味料ボトルは、シンプルな見た目でスリムなのでかさばらず、使いやすいところが気に入っています。

ラベルを貼って、「探さなくていい」引き出し

ひとり暮らしのときは、自分1人がどこに何があるかを把握すればよかったので、収納方法や収納場所に困ることはほぼありませんでした。

でも、ふたり暮らしになって、「あれってどこにあるの？」と聞かれたり、物を元にあった場所に片づけてもらえないことが多くあり、ひと目でどこに片づければいいかわかる収納にしました。

たとえば、調味料を詰め替えているボトルには、テプラを貼って中身がわかるようにしました。引き出しのサイズに合った調味料ボトルなので、しまう場所が明確です。

彼も使ったらすぐに片づけてくれるようになったことで、日々の些細な喧嘩も減り、お互いストレスなく暮らせるようになりました。

ひとり暮らしのときから愛用している無印良品のスタッキングシェルフはもう4年目。以前はテレビ台として使用。

文房具は整理トレーでひとつひとつに住所を

細かい物は収納場所に悩まず、部屋を行ったり来たりしなくていいように、すべて引き出しにまとめています。

引き出しをすべて開ければ探し物は見つかるので、どちらかが場所を探して必要な物が見つからないということもなくなりました。

どれも「一目瞭然」をテーマにし、整理トレーでひとつひとつの置き場所をつくることで、使った人が元の位置に戻しやすいようにしています。

細々とした文房具、アクセサリー類、乾電池なども、ひとつの仕切りの中に。

無印良品の整理トレーは仕切りの位置を変えられ、物が増えたり減ったりしても、配置を調整できるところが、魅力のアイテムです。

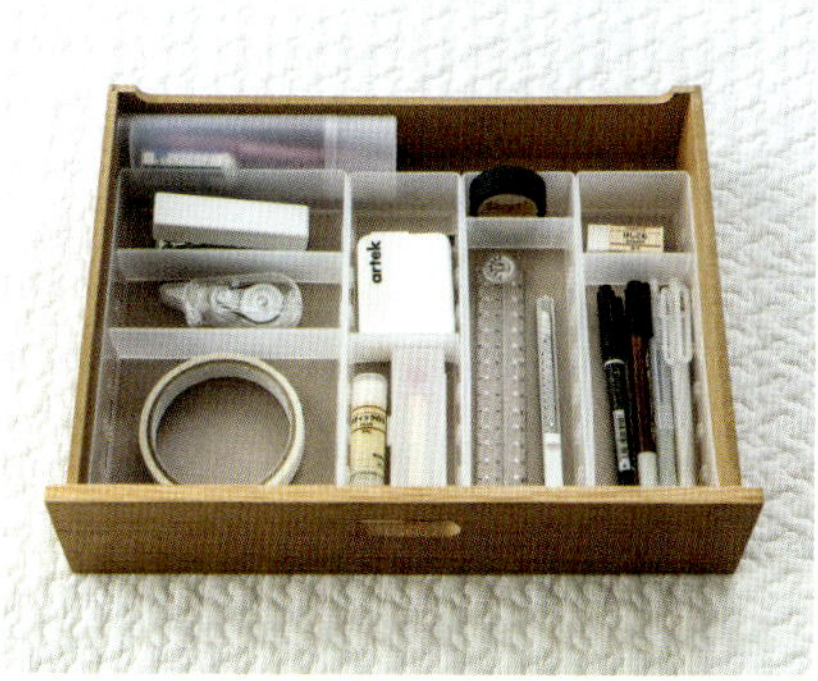

つい増えてしまいがちなペンはここに収まるだけと決めて。

真ん中の腕時計はパートナーのもの。ピアスは1つずつ仕切りに入れると失くさない。

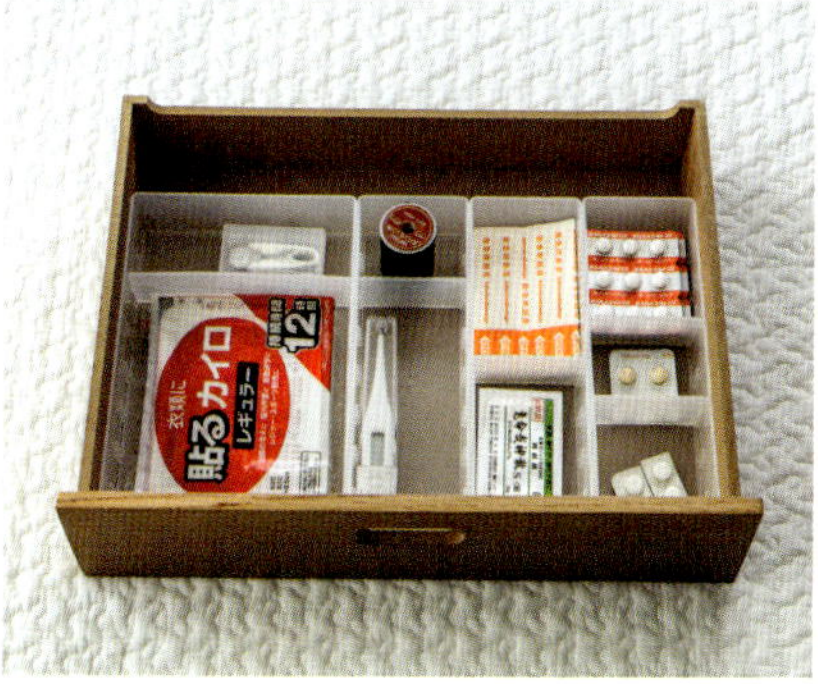

3段目には薬やホッカイロなどを収納。ケースから出してかさばらないように収納するのがポイント。

4段目には乾電池や充電器、ドライバーなど細々したものを収納。

大きな家具は持たない主義の私ですが、無印良品のスタッキングシェルフはほどよい大きさで、高さもあまりなく、リビングに置いても圧迫感がないので重宝しています。

収納スペースに余裕があると、万が一物が増えてしまったときも安心ですし、スタッキングシェルフの上は季節の飾りものを置いたりと、いろいろな活用法があり便利です。

以前は、かごがある場所に無印のファイルボックスを入れ、一時的な書類の保管場所として使っていました。

組み合わせるものによって、まったく違う使い方ができる点も、お気に入りのポイントです。

箱があると残数がわかりにくいのに加え、かさばってしまうので、箱から出して種類ごとに分けて収納しています。

常備薬や絆創膏は箱からバラして整理トレーに

常備薬や絆創膏などは箱から出して収納しています。

瓶入りの物は持たず、バラして持ち運びできる物を購入しています。

多くの種類を持っていないので、飲み方やどのような症状が出たときに使用するものか把握できています。

収納場所がひと目でわかり、探しやすいと好評です。

バラした薬は、外出先で具合が悪くなったときのために、いつも持ち歩いているティッシュケースの中に入れています。

ティッシュケースはイルビゾンテのもの。中には街頭でもらったティッシュを入れて。

スタッキングシェルフに小物収納を組み合わせて。上の小さい引き出しには鍵などを入れています。

一目瞭然のポイントカードの収納

ポイントカードはスマホアプリを利用し、それ以外はムダ遣いの原因になるため、なるべくつくらない・持たないようにしています。

どうしてもつくらないといけなかった美容院やクリーニング店のカード、診察券などは、スタッキングシェルフに小さめの引き出しを用意して収納しています。

パートナーは財布の中にカード類を入れていますが、利用頻度の低い診察券などはここに収納しています。

カードケースを利用せず、ひと目で何のカードかわかるので、探す手間が省けています。

ポイントカードを持たない代わりに、日用品などの買い物は楽天やアマゾンを利用し、ポイントをためています。

パートナーの身支度スペースを1カ所にまとめました

木製のユニットシェルフは和室ととても相性が良く、インテリアにも馴染みます。購入時には寸法をしっかり測って、部屋からはみ出さないかどうかも確認。

平日の忙しい朝に慌ただしくならないよう、動線を考えたパートナー専用の身支度スペースをつくりました。

今までは見栄えを気にして衣類はすべて引き出しに収納していましたが、引き出しを閉め忘れたり、出した服も出しっぱなしにすることが多かったため、「どうすれば使いやすくなるだろう」と考えたことがきっかけでした。

身支度スペースにはスーツやネクタイ、時計など通勤に必要なものが1カ所にまとめてあるため、ムダな動きをする必要がありません。

見せる収納は場所がわかりやすいので、片づけが苦手な彼も片づけやすく、気に入ってくれました。

無印良品の吊るせる収納・小物ポケットのポケット部分にはハンカチやインナー、靴下を入れています。

裏にはループがついているので、ネクタイも一緒に吊るすことができます。

シーズンオフの洋服やパジャマを収納。出し入れしやすい無印良品のソフトボックスに入れています。柔らかい素材でできているので、見た目以上に収納力も◎。

無印良品の書類整理トレー。DMや書類も一緒に入れて。あとでゆっくり見ようと思ってすぐに捨てられない書類や、結婚式の招待状など。私はリビングのかごに専用の収納場所があります。

「ちょい置き」はこうすれば防げる

パートナーは仕事から帰宅すると、時計やイヤホンを適当な場所に放置しがちで、どこに置いたか忘れてしまうことが多くありました。

物を失くしたりせず、帰ってきてわざわざしまわなくても済むように、専用の「ちょい置き」スペースを用意しています。

ちょい置きスペースをつくってから、細々とした物はきちんとここに置いてくれるようになりました。

また、わが家のゴミ箱はキッチンにしかないのですが、いちいちゴミを捨てに行くのが面倒と不評なので、ユニットシェルフの横にゴミ箱代わりにケースを吊るしました。横に綿棒も置いて、お風呂上がりにすぐ使えるようにしたところ、とても気に入ってくれました。

寝ているときに手が届きやすく、ちょうどいい高さに設置。薄型の長押しタイプなら、壁にマットレスを立てかけても邪魔になりません。

枕元に置きたい時計やアロマは「壁に浮かせる」

寝室の畳に直接物は置きたくないけれど、必要な物は枕元に置いておきたかったので、無印良品の「壁に付けられる家具」を買いました。

彼の希望でアナログ時計とティッシュ、私はアロマディフューザーを置いています。

無印良品のアロマディフューザーはコンパクトサイズなので、寝る前に枕元へ置いたり、部屋でくつろぎたいときに自分の側へ置くと、ほんのりアロマのいい香りがします。

このアロマディフューザーのおかげで、毎日癒されて眠れています。

充電式なので気軽に使えて、電気も水も使わず、掃除の手間もかからない手軽さがお気に入りです。

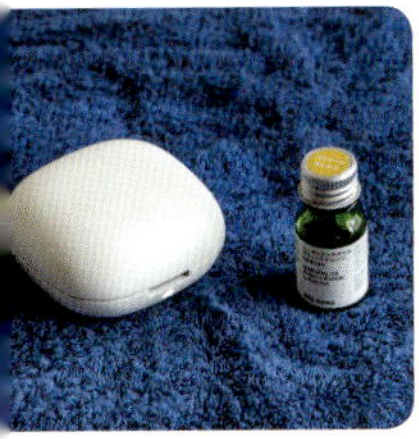

アイリスオーヤマのエアリーマットレスは、腰痛持ちの私でもぐっすり眠れるほど寝心地がいいです。

マットレスは立てかけで毎朝ストレスフリーに

和室の床に置いている物は、マットレスとシェルフのみ。それ以外は置かないと決めています。そうすることで部屋が散らかりにくくなり、広々と使えるようになりました。

マットレスは普段は押入には入れず、朝起きたら持ち上げてそのまま壁に立てかけるだけにしています。

夜そのまま床に倒して、すぐに寝られて気楽。布団の上げ下げがなく、忙しい朝も楽になりました。毎日の立てかけはパートナー担当。

厚さ5センチのものをそれぞれ2枚重ねにして使用し、来客時は1枚にして貸し出しています。

1枚ずつ購入して使用していたのですが、薄さが気になり困っていたところ、普段は2枚重ねで使用し、来客の際は貸し出す方法を思いつきました。

2枚重ねで使用。マットレスはメッシュのカバー付き。洗濯機で洗えるので使い勝手◎。

夏と冬は敷きパッドで調整

敷きパッドはニトリのNクールのダブルスーパー。ひんやりしていて夏にはぴったり。

来客の際には折りたたむことも。押入にも収納できるスペースを確保しています。

寝具はニトリのNウォームスーパー。冬は布団乾燥機を使用し、布団を温めてから寝ています。布団がふわふわ、ほかほかになって幸せ。

通気性がよく、カビやダニの心配がない素材なので、外へ干す必要がありません。夏は涼しく、冬も厚手の敷きパッドで寒さ対策も問題なしです。

今まで使用した布団とベッドと比較しても、一番寝心地がよく快適です。

第 6 章

部屋のあちこちを広く使う工夫

無印良品の吊るせる収納・小物ポケットはパートナーの身支度スペースでも使用。使い勝手がよく、2人とも愛用中です。

ポケットにはタイツやストッキングを入れて。

押入にパイプハンガーを入れ、クローゼットに

大きなクローゼットがないので、洋服をかける場所がありません。すべて衣装ケースに入れて、引き出し収納にするか悩みましたが、押入にパイプハンガーを入れて、クローゼット風にアレンジしました。

かける収納は洗濯物をたたまなくていいので、ぐしゃぐしゃになることもなく、ハンガーにかけるだけでとても楽です。

自分がどんな服を持っているのかもひと目でわかり、似たような服を買い足してしまうこともなくなりました。

洋服は好きなのですが、収納場所や金銭面も考慮して、最近はプライベートでも仕事でも着回せるシンプルなものを買うようにしています。

シンプルな洋服だからこそ、いつも同じイメージにならないよう、気をつけてコーディネートを考えています。

ネットバッグに入れたインナーと靴下を、S字フックとつっぱり棒で吊り下げて。

MAWAハンガーはカーディガンやニットもすべり落ちないつくり。肩の部分が丸くなっているので、型崩れもしません。

押入上段

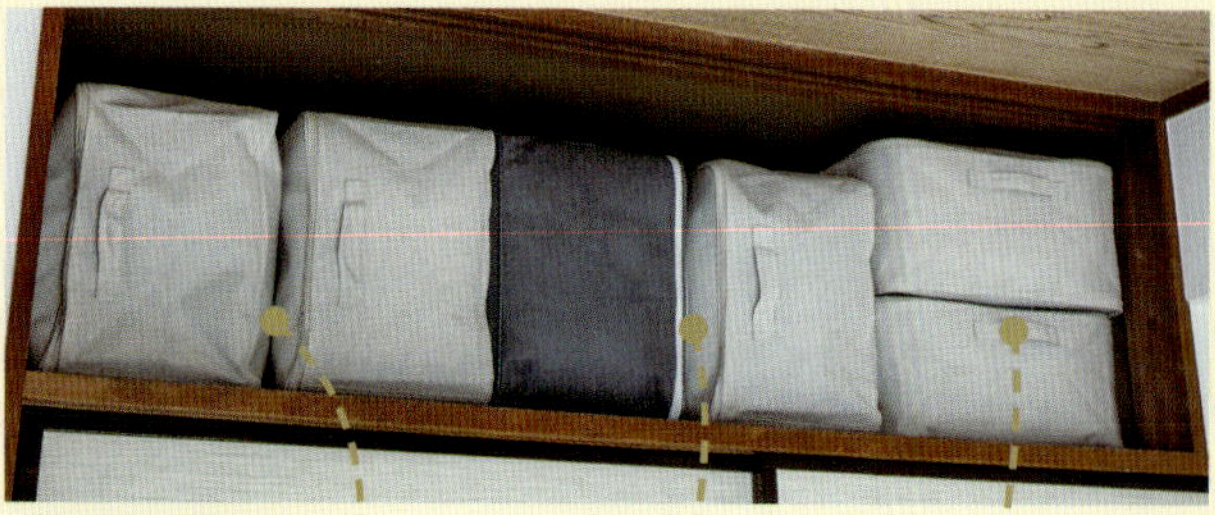

冬用の寝具を収納。無印良品のソフトボックスは横長の奥行きがあるタイプ。

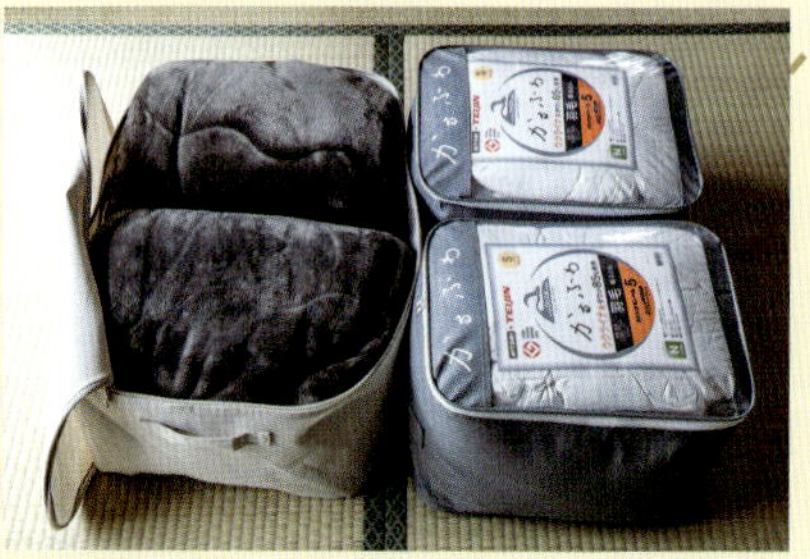

冬用の敷き布団や寝具を収納。購入時の収納袋を捨てずに利用。

季節物ではない衣類を収納。ケースに入る分だけしか持たないことで、洋服の買いすぎを防いでいます。

押入下段

下段は寝具の収納スペース。折りたたみテーブルがスノコ代わりに。

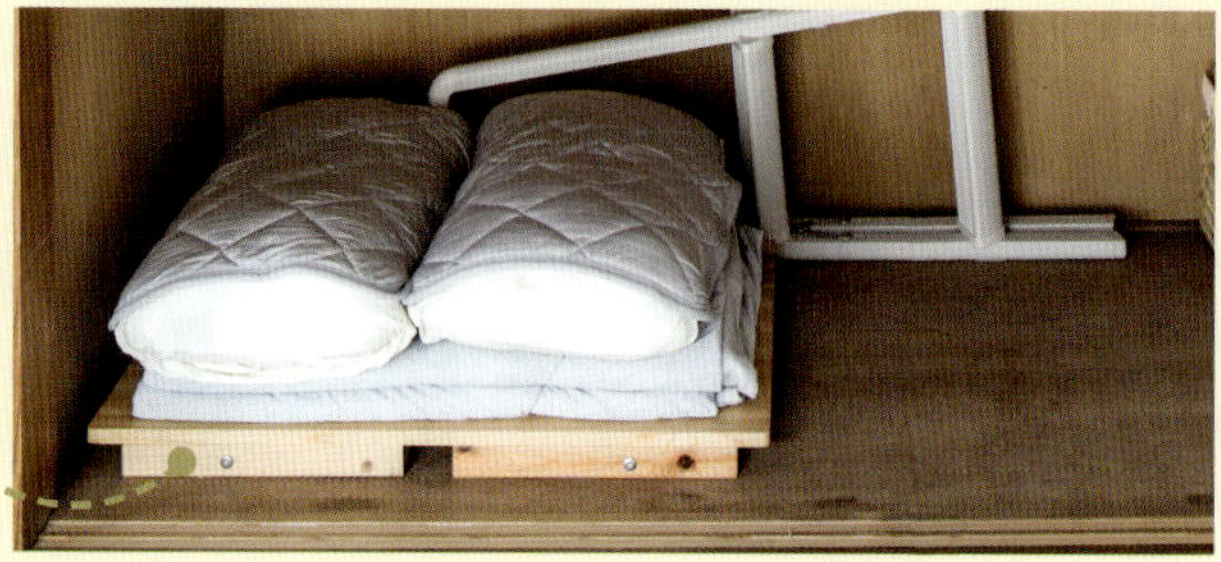

テーブルにラグをかぶせ、ホットカーペットで下からあたためる手作りこたつ。布団乾燥機仕様でさらにあたたかく。

ホットカーペットは何通りも使い回せる優秀な季節家電

わが家にはこたつはありませんが、職場の方から教わった手作りこたつを使用しています。

エアコンの暖房を使うこともありますが、この手作りこたつのおかげで、寒い冬も乗り越えることができています。

以前はヒーターを持っていましたが、電気代が高くなってしまったので、ふたり暮らしを始めたときに処分しました。

このこたつと布団乾燥機を一緒に使用すると、本当にあたたかいのでおすすめです。

夏場でもラグの下にホットカーペットを敷き、クッションとして。

楽天で購入した木目調のコンセント。コンセントが２つとUSBが２つ入り、スマホを充電しながらコンセントの上に置くことができます。わが家のインテリアにも合うので、お気に入りです。

コード類を隠すだけで部屋がスッキリ見える

部屋が狭いので、コンセントや家電の充電ケーブルで、部屋がごちゃごちゃと散らかって見えてしまうことが気になっていました。

家具が少ないので難しいですが、コンセントや配線はなるべく外から見えないように工夫しています。

そもそも充電式の家電を選ぶようにし、配線自体をなくしています。

和室のコンセントカバーの黄ばみが気になり、隠すために畳にも合う木目調のコンセントを購入しました。充電中スマホを上に浮かせることができ、スッキリして気に入っています。

小さな物でも床に置かないことを徹底することで、部屋中どこでも掃除が楽になりました。

Wi-Fiルーターはシェルフの上に

ルーターは和室のシェルフの上に置いています。天井に近い位置にあるため、立った状態でもほぼ見えずに、目立たず、掃除も楽ちんです。

コードレス掃除機の充電器

マキタの掃除機の充電器をニトリのかごに入れて収納。サイドに取っ手がついており、中から外へコンセントを通すことができます。

かつての
ルーターの置き場所

無印良品のスチールスタンドでルーターのコードを隠して。熱がこもらず、ケーブルをスッキリカバーしてくれます。

キッチン横の玄関に生活感を出さない工夫

ダイニングからすぐ外に出られる古い間取り。収納場所はあえてつくらないように。

玄関の狭さや、収納スペースに悩んでいる方も多いのではないでしょうか。

わが家も玄関横にすぐキッチンがあるため、靴箱や傘立ては置かず、靴も出していいのは1人1足までにしています。

玄関のドアに3連のマグネットフックをつけ、鍵を吊り下げるのは定番ですが、わが家では覗き穴を隠す役割も果たしています。

雨に濡れた傘は外でよく水を切ってから家の中に入り、単体のマグネットフックに吊り下げて翌朝まで乾かします。

玄関付近に壁かけのミラーを取りつけ、身支度スペースにしています。壁にかけているだけなので、場所もとらず、出かけ間際に鏡を見ることができ、とても便利です。

玄関横にミラー

独立洗面台がないので、ここで毎日ドライヤーとヘアアイロン、メイクをするときに使用しています。メイク道具は無印良品のファイルボックスを手提げつきバッグに入れ、持ち運んで。

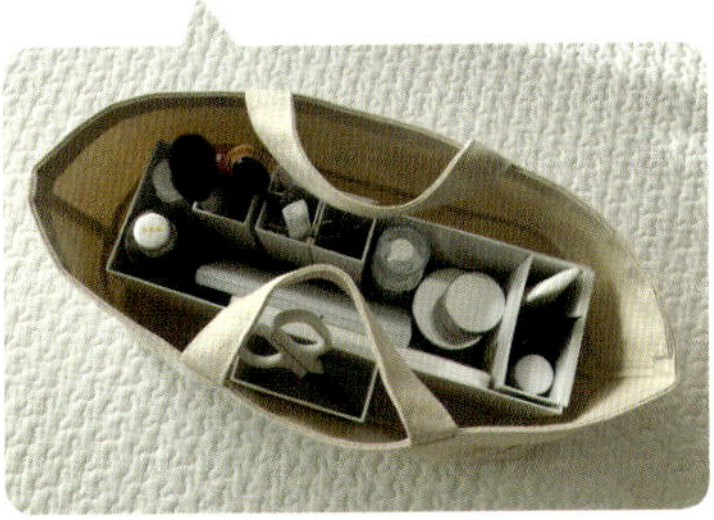

ドアにフックを

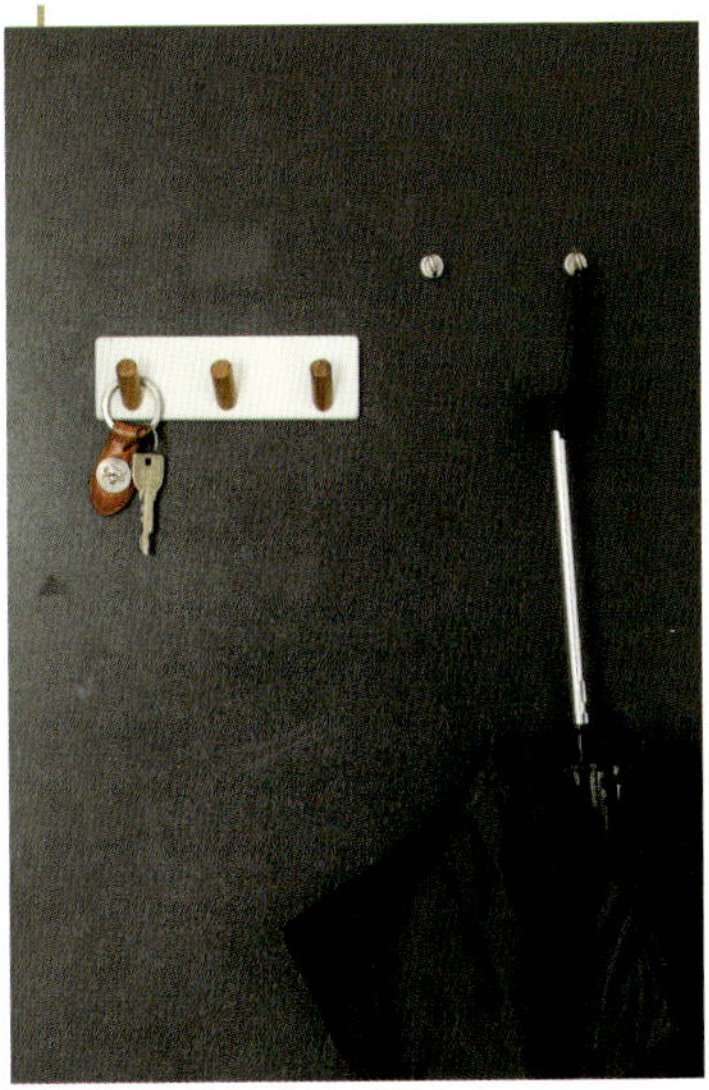

吊り下げるだけで鍵忘れ防止にも。

「出したらしまう」を意識し、玄関にはなるべく靴を置かないように。

靴収納ゼロでも玄関に靴を置かない

キャンドゥのシューズケースに1足ずつ重ねて収納。ケースが半透明なので、外から中身が見える点がお気に入り。

取っ手を引くだけで簡単に取り出せます。重ねても潰れないほど丈夫で長持ち。

玄関が狭く靴箱もないため、脱衣所付近にある備えつけの棚3分の1を、靴の収納に使用しています。

以前はコーディネートに合わせるため、何足も靴を持っていましたが、出番が少なく、いつも決まった靴ばかり履いていたので、思いきって履かない靴は処分しました。

玄関から少し離れた場所にありますが、2、3歩の距離なので、靴を取りに行くことはそれほど気になりません。

靴はお互いこだわりを持ち、自分の足に合ったお気に入りを買うようにしています。

良い物を買うことで、1足1足に愛着がわき、大切に扱うようになりました。

「何もない」トイレを木の棚で心地よい空間に

トイレに備えつけの収納スペースがないため、掃除しやすいように床になるべく物は置かず、無印良品の棚を取りつけています。

トイレットペーパーのストックは3個で済んでおり、かさばらずに収納できるようになりました。小さいので持ち帰りも楽です。


タオルバーもないので、木のフックを壁に取りつけています。

ハッカ油を消臭剤として代用しています。ペーパーの側面に数的垂らすだけで、スーッとした香りが広がります。アロマより長持ちなのでコスパもよく、夏の虫除けにも大活躍します。

棚をつけて

サニタリーとトイレクリーナー入れには、無印良品のポリプロピレンウェットシートケースを使用。無印良品は互換性があるので、棚にもサイズがぴったり合います。

トイレットペーパーは3倍巻きロールを使用。長持ちするのでストックいらず。

ハッカ油を消臭剤に

消臭剤やインテリアフレグランスを使っていましたが、ハッカ油のほうが長持ちして香りも広がります。

タオルフックをつけて

フックは無印良品のもの。タオルは中川政七商店のパイルガーゼ縞ウォッシュタオル。

狭い浴室は「吊るす」「白で統一」がポイント

［右ページ］
カビ防止に物は直置きせず、床から浮かせています。お風呂から出る前に熱いシャワーを壁に向かってかけています。

ニトリのポンプボトルは広口タイプ。詰め替え袋ごと入れて使うことができます。

左下からバススポンジ、掃除ブラシ、洗面器、ボディタオル、洗顔ネット。上にはシャンプー、コンディショナー、トリートメント、クレンジング。

ダルトンのマグネティックソープホルダー。吸盤つきでしっかり固定。

わが家のお風呂は狭く、棚なども一切ありません。

引っ越し当初は狭い浴室が嫌で収納場所にも悩みましたが、ニトリのタオルバーを取りつけて、その上にシャンプーボトル等を置くなど、お風呂を広く使えるように工夫しています。

以前はマグネットなども試しましたが、わが家は賃貸によくあるザラザラの壁で吸盤がつかず、すぐに落下してしまったり、錆びてしまいました。

身体を洗う固形石鹸は牛乳石鹸。マグネットでくっつくソープホルダーを使って鏡に取りつけています。

石鹸ケースがヌルヌルしたり、水がかかって石鹸が小さくなってしまうこともなく、とても便利です。

独立洗面台がない
ランドリースペースを
機能的に改造

広い家だと独立洗面台があり、脱衣所として使用できますが、わが家にはありません。

そのため、浴室のすぐ横にあるランドリーは洗濯機を置くだけでなく、脱衣所も兼ねて使っています。

浴室で使うものは動線を考えて、なるべく近くに置いておきたかったので、冷蔵庫横でも使っている無印良品のストッカーをランドリーでも使っています。

狭いスペースでも使え、物も多く入るので、わが家のような狭い家ではとても助かるアイテムです。

洗面台がないので、歯磨きも浴室でしています。ランドリーに2人分の歯ブラシを置き、バスルームの扉の取っ手に歯磨き粉をワイヤークリップで吊り下げています。

フレディレックのバスタブはタオル入れだけではなく、バケツ代わりや足湯のときにも使用しています。

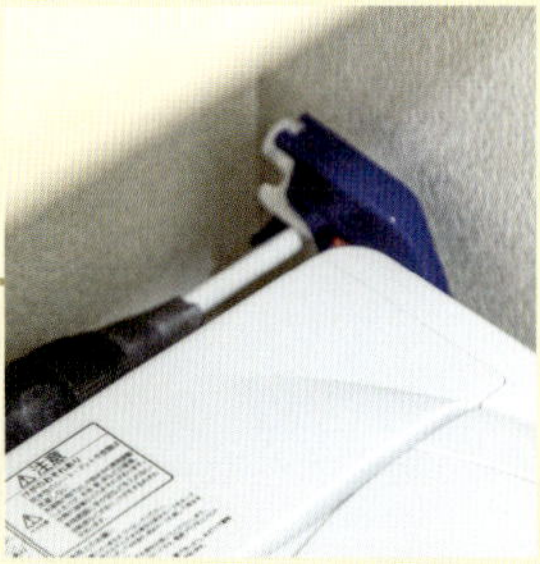

デッドスペースもムダなく活用。洗濯機の後ろにつっぱり棒を渡し、カビハイターを吊るしています。

バスマットは使用せず、珪藻土マットを使用。

ソイルの歯ブラシスタンドは珪藻土。使用後そのまま入れてもしっかり水分を吸収してくれます。

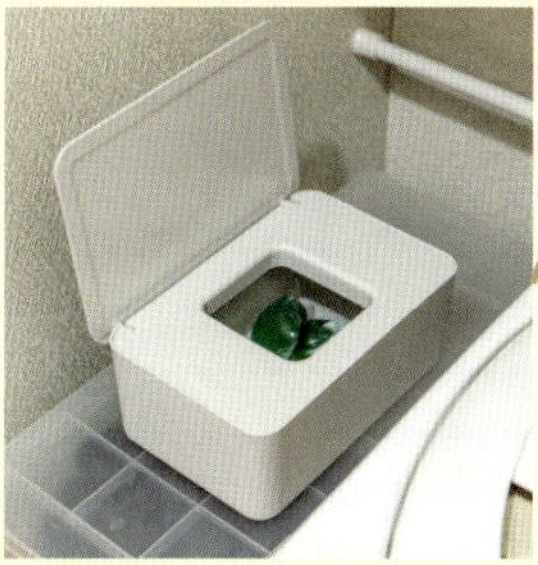

無印良品のウエットシートケースにジェルボールを収納。

洗濯機横のストッカー

1 段目

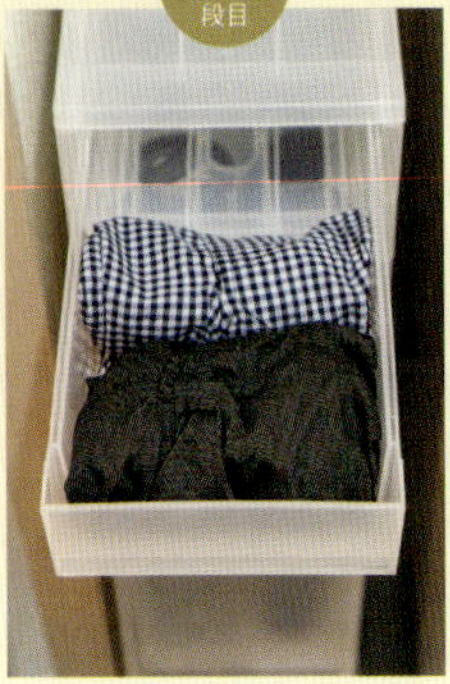

パートナーの下着などを収納。

2 段目

ワックスやカミソリ。仕切りを入れて。

3 段目

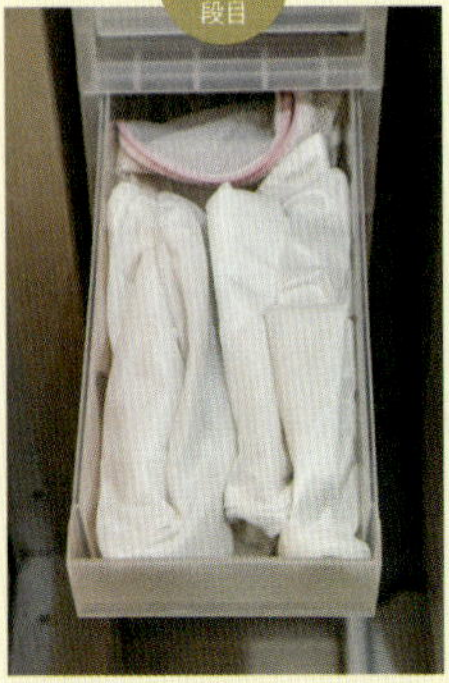

洗濯ネットを収納。無印良品のもの。

4 段目

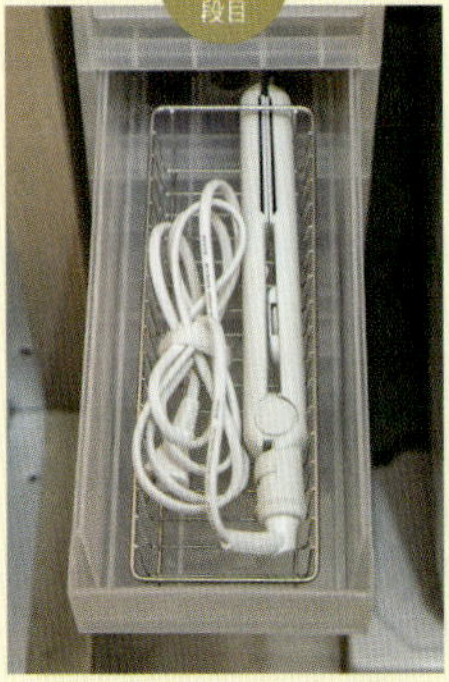

ヘアアイロン。毎朝の必需品。

5 段目

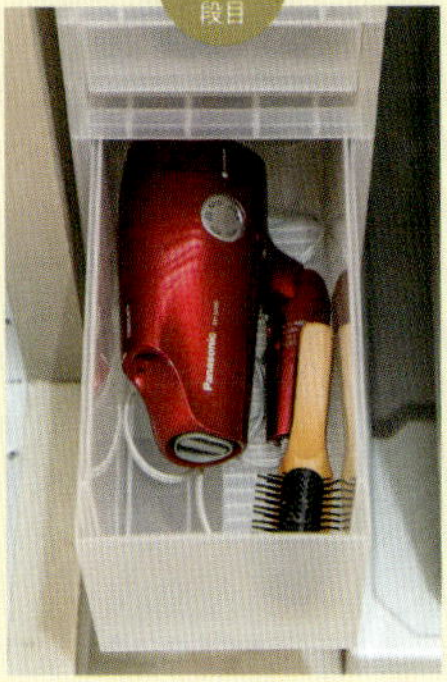

ドライヤー。2人で共有。

6 段目

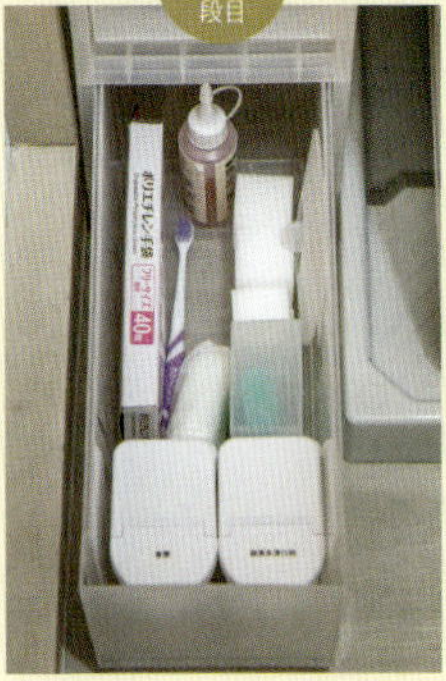

掃除用歯ブラシや洗剤など。

スコープのハウスタオルはフックの穴とループがついているので、吊り下げやすく便利です。

バスタオル1枚の代わりにフェイスタオル2枚

バスタオルは持たずに大きめのフェイスタオルを使用しています。浴室内で身体と髪の毛の水気をよく落としてから拭くので、1日の使用枚数は1人1枚で足りています。

バスグッズは主にホワイトで統一しているのですが、さわやかなブルーをアクセントにしたくて、このタオルを選びました。

タオルは使い古すと、ゴワゴワになってしまいますが、質のいいタオルなので、柔軟剤を使わなくても肌触りがいいままです。

このタオルのブルーがあるだけで、部屋全体がパッと明るくなり、雰囲気が変わります。

浴室の入り口につっぱり棒をつけ、バスタオルを吊るす場所に。

メッシュのランドリーバッグとステンレスのピンチハンガーは、どちらも無印良品のもの。見た目もシンプルで気に入っています。

ついにたどり着いた、メッシュの折りたたみ洗濯かご

洗濯機からベランダまではリビングを通らないといけないので、洗濯かごは必需品です。

でも、洗濯かごはだいたい大きいものばかりで、スペースをとってしまいます。

いろいろなタイプのものを試し、たどり着いたのが、無印良品のメッシュのもの。柔らかい素材で小さく折りたためる洗濯かごです。

畳むとコンパクトになるので、洗濯機と壁の間に収納しています。

洗濯かごはクリーニングやコインランドリーを利用するときにも使っています。折りたためるので、帰りも邪魔になりません。

ハンガーはトートバックに入れて、洋室のバルコニー近くに置いていますす。数少ない、床に置いている物です。

部屋干しのときは強力つっぱり棒にハンガーを引っかけて干します。梅雨の時期など乾きにくいときは扇風機を使用。

洗濯物を干すときは室内ですべてハンガーにかけてから、一気に外へ干します。バルコニーに出ずに干せるので、サンダルに履き替えることなく干せます。

使うときにわざわざ取りに行くのは手間なので、床に直置き。

第 7 章

掃除はシンプルに

床掃除には洗って使える厚手のキッチンペーパーを。くり返し洗っても破れないので、ついでに窓やサッシなどの掃除をしてから捨てられます。

掃除道具も洗剤も 数をしぼって一器多用に

床に物を置かない収納を始めた理由の大部分が、掃除を楽にしたいということです。

便利な掃除グッズはたくさんありますが、掃除グッズに多くの収納場所をとることができないため、少ない掃除道具でこまめに掃除をすることを心がけています。

掃除道具を多く持たないことで、物の管理も楽になり、買い物の頻度も減ったので、日用品への出費を抑えることもできました。

たとえば、窓のサッシを掃除するブラシは古い歯ブラシで代用。

ベランダ掃除にも、ブラシ以外の擦り洗いには、古くなったキッチンスポンジを使用しています。

ひとり暮らしのときよりも汚れるので、こまめな掃除が部屋をきれいに保つポイントです。

掃除用洗剤は少ないものを詰め替えて

洗剤の置き場を多くつくらないために、トイレ、バス、キッチン、フローリングの床はウタマロクリーナーひとつで。そのほか、クエン酸や重曹など。

食洗機用の洗剤

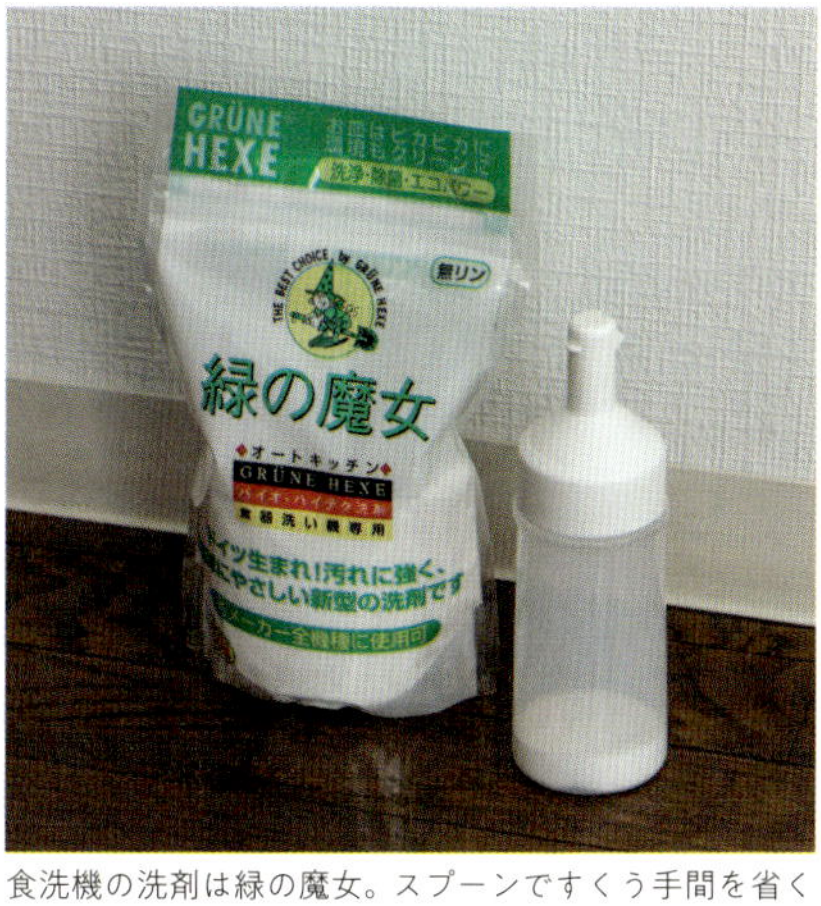

食洗機の洗剤は緑の魔女。スプーンですくう手間を省くため、セリアのドレッシングボトルに詰め替えて使っています。

ストックは小さめを

重曹、クエン酸、酸素系漂白剤はダイソーで購入。小さいサイズで場所をとりません。水回りの掃除に大活躍。

出しっぱなし、やりっぱなしは後々片づけるのがもっと面倒になってしまうので、「すぐ片づける」を徹底しています。

家事はためず、こまめに「ゼロに戻す」

物を出したら元の位置に戻す。汚れたら洗う。散らかったら片づける。ゴミを捨てる……など、当たり前のことですが、ひとつひとつの家事をゼロの状態に戻すことを意識して、きれいな状態を維持しています。

疲れて仕事から帰宅したときにやりっぱなし、出しっぱなしはお互い仕方のないことですが、ストレスをためないためにも、「家事は必ずリセット！」と決めています。

何かをしたら、片づけることを2人で習慣づけることで、お互いが注意し合わなくても、家事をリセットできるようになりました。

誰かと一緒に住むことは思いやりが大切ですが、常に気を遣って意識して生活するよりも、お互いが自然に振る舞えるのが一番だと、最近はよく思います。

キッチンの壁も、汚れが気になったときにこまめに掃除。すみずみまできれいにしておくことで、汚れたときに目立ちやすく、掃除のモチベーションが上がります。

シンク周りは捨てるスポンジで壁まで洗う

毎日使うキッチンは、料理をする意欲をわかせるためにも、常にきれいにしていたいと思っています。

シンク周りは汚れに気がついたら、すぐに掃除。日々の洗い物のあとで古くなった食器用スポンジに少量の中性洗剤をつけて、シンクの上と中、壁も洗います。

油汚れも落ちるので、厚手のキッチンペーパーで拭き取ります。

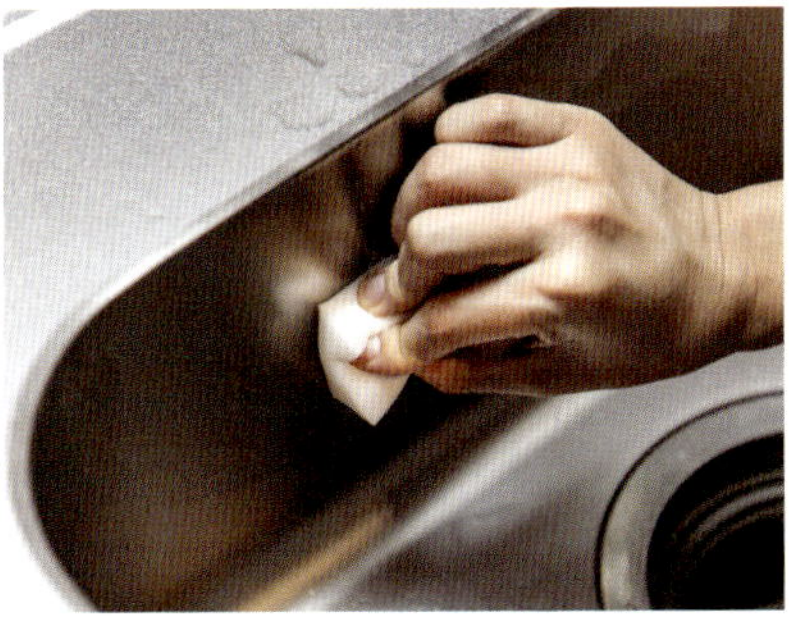

日々の洗い物のあとで、シンクの中を掃除。古くなったメラミンスポンジに少量の中性洗剤をつけ、ゴシゴシ磨いています。

汚れやすいコンロの掃除にはウタマロクリーナーを使用。夕飯の片づけのときにサッと拭くようにしています。

ガスコンロは
ウタマロクリーナーが大活躍

ガスコンロ周りも毎日使うので、すぐに汚れてしまいます。周りに物を置いていないので、汚れも余計に目立ち、「掃除しなくては！」と自然と気がつけるようになりました。

2人ともキッチンの汚れが気になったときは、すぐに掃除をし、使ったあとはきれいな状態に戻そうと掃除するクセもつきました。

五徳は平日は拭き掃除のみですが、使用後に毎回拭くようにしています。

週末には水洗いをし、ピカピカな状態をキープするようにしています。

五徳は放っておくと頑固な汚れがこびりついてしまうので、キッチン周りでとくに気をつけて掃除をしている場所です。

意外と電子レンジの汚れが気になることが多く、汚れに気がついたらすぐに掃除をするようにしています。

五徳は取り外して水洗いしてしまうほうが早いです。

レンジフードの汚れガードは3カ月に一度交換しています。

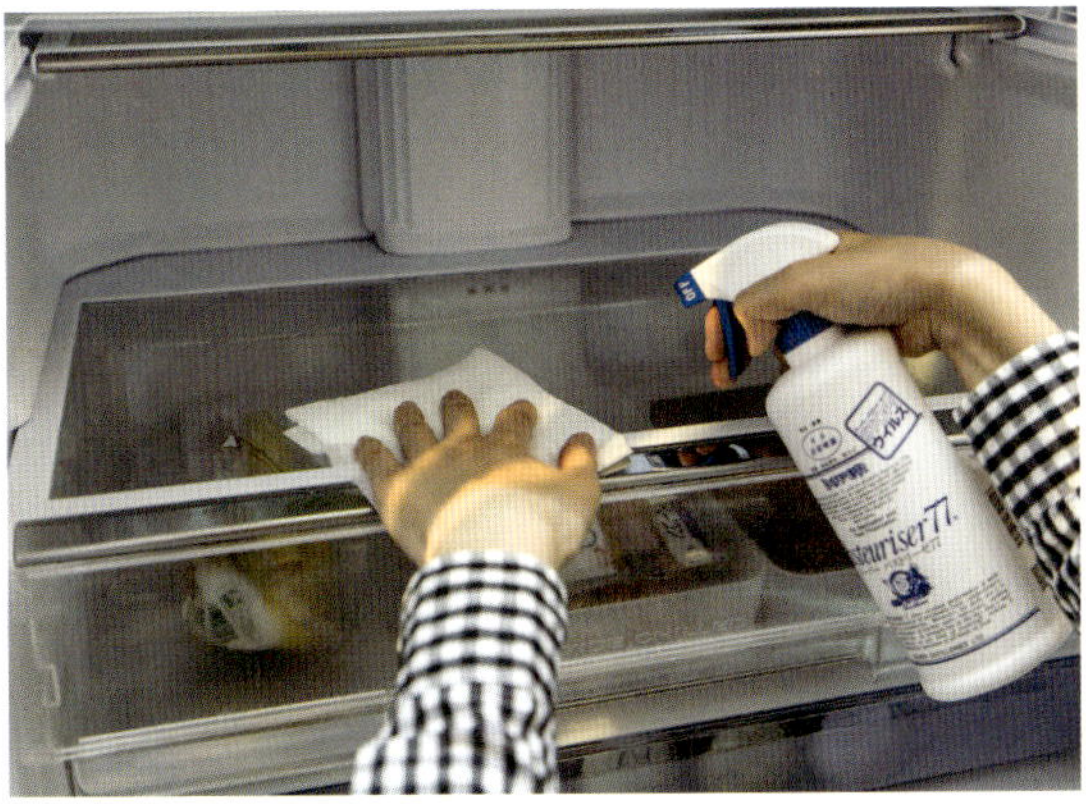

週に一回の冷蔵庫掃除。日頃から掃除することで、年末に大慌てで掃除をすることもありません。

洗剤は使わず、水拭きするだけでも汚れがよく落ちます。

頑固な汚れにはボウルに水と重曹を入れて電子レンジで温め、汚れを浮かせます。そのあときれいに拭き取ります。

冷蔵庫の掃除は1週間に一度行っています。余分な食材を買わないようにしているため、1週間で冷蔵庫の中身が空っぽになります。そのタイミングで拭き掃除をしています。

新しい冷蔵庫なので、きれいに長く使えるよう、大掃除のときだけではなく、週に1回は必ず掃除をするようにしています。

冷蔵庫内はパストリーゼ（アルコールスプレー）で拭き掃除をしています。とくに汚れが気になる場所は、厚手のキッチンペーパーを使用し、念入りに拭くようにしています。

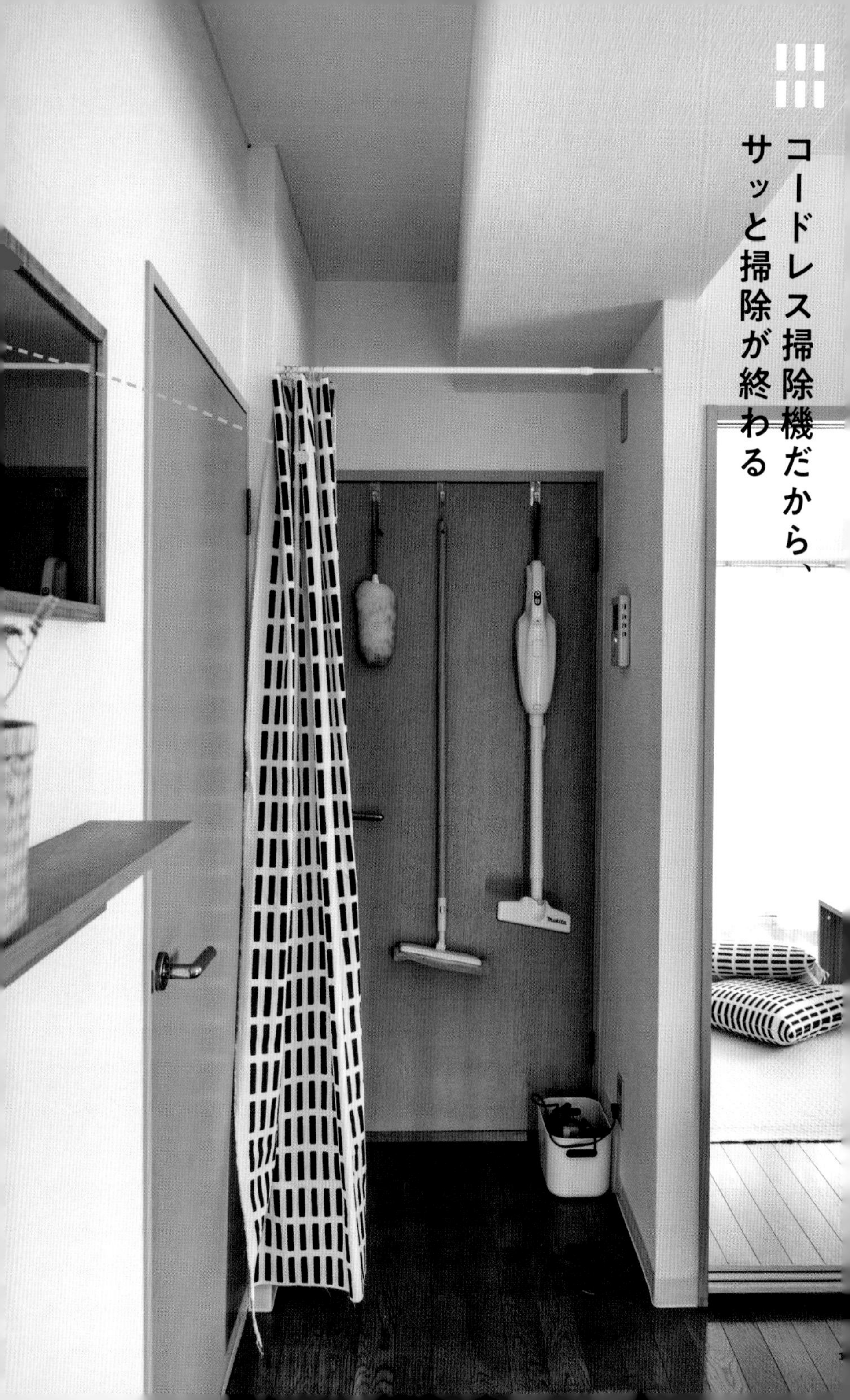

コードレス掃除機だから、サッと掃除が終わる

休日、掃除機である程度のゴミを吸ったら、濡らした厚手のキッチンペーパーとウタマロクリーナーで、フローリングや棚の拭き掃除をします。

普段は カーテンをしめて

スティック掃除機、モップ、ホコリ取りをカーテンで隠しています。

物が少ないので、棚やシェルフもこまめに掃除ができる。

ワックスはワイパーで。ワックスがけは半年に一度くらい。

狭い部屋で家具も少ないため、物をどかさずに済むので、部屋の掃除は全体で15分ほどで終わります。最後に窓のサッシを軽く拭いて、終わりです。

掃除道具は玄関と寝室をつなぐドア部分に、100均のドアフックに吊るして床から浮かせています。

掃除道具が玄関から丸見えなので、カーテンをつけました。100均で購入したつっぱり棒とカーテンクリップで吊り下げています。

普段このカーテンは開けたままにして、来客時は隠せるようにしています。

リビング、和室の掃除にはマキタのスティック掃除機を使用。カーペットクリーナーを持っていなくても、ゴミやホコリが気になったときに、サッと掃除ができます。

ジェルのトイレ洗剤は超強力クリーナーを使用。パッケージがカラフルなので、便器の裏に置き、正面からは見えないようにしています。

ジェルのトイレ洗剤で、こすらずきれいに

トイレ掃除は、汚れが気になったとき、するようにしています。赤ちゃんのお尻拭きとウタマロクリーナーで床や壁、便座などを掃除します。お尻拭きはトイレに流せるタイプなので、そのまま流します。お尻拭きを使うことで、ウェットティッシュとトイレクリーナーをひとつにまとめられるので、物が増えずに済んでいます。

月に一度、念入りに掃除するときは使い捨てのビニール手袋をはめて、お尻拭きでゴシゴシ拭きます。

ジェルのトイレ洗剤は縁の汚れがこすらずに落ちるので、便利です。

掃除がしやすいようにトイレの床にも物は置かないようにしています。

トイレマットや便座カバーは使用せず、カレンダーやポスター、グリーンなども置いていません。

毎月26日が念入りお風呂掃除の日

毎日必ずしていることは、お湯をためる前に浴槽を洗う、お風呂から上がる前に石鹸カスが残らないよう全体をよく流す、排水口にたまった髪の毛を捨てる、などです。

24時間換気扇を回しておけば、翌日には浴室内はほぼ乾いているので、カビが生えません。

お風呂に置く道具はなるべく減らし、シャンプーのボトルなどは浮かせてヌメリを防いでいます。シャワーがかからないように、あえて高い位置に置いています。

少ない物と浮かせる収納により、掃除もかなりやりやすくなりました。

掃除洗剤や道具を多く持たずに、きれいな状態を維持するために、日々の掃除で頑固な汚れがつかないようにしています。

毎月26日を風呂の日とし、月に一度しっかりと掃除をしています。

使用する洗剤はウタマロクリーナー、酸素系漂白剤、クエン酸、カビキラーです。

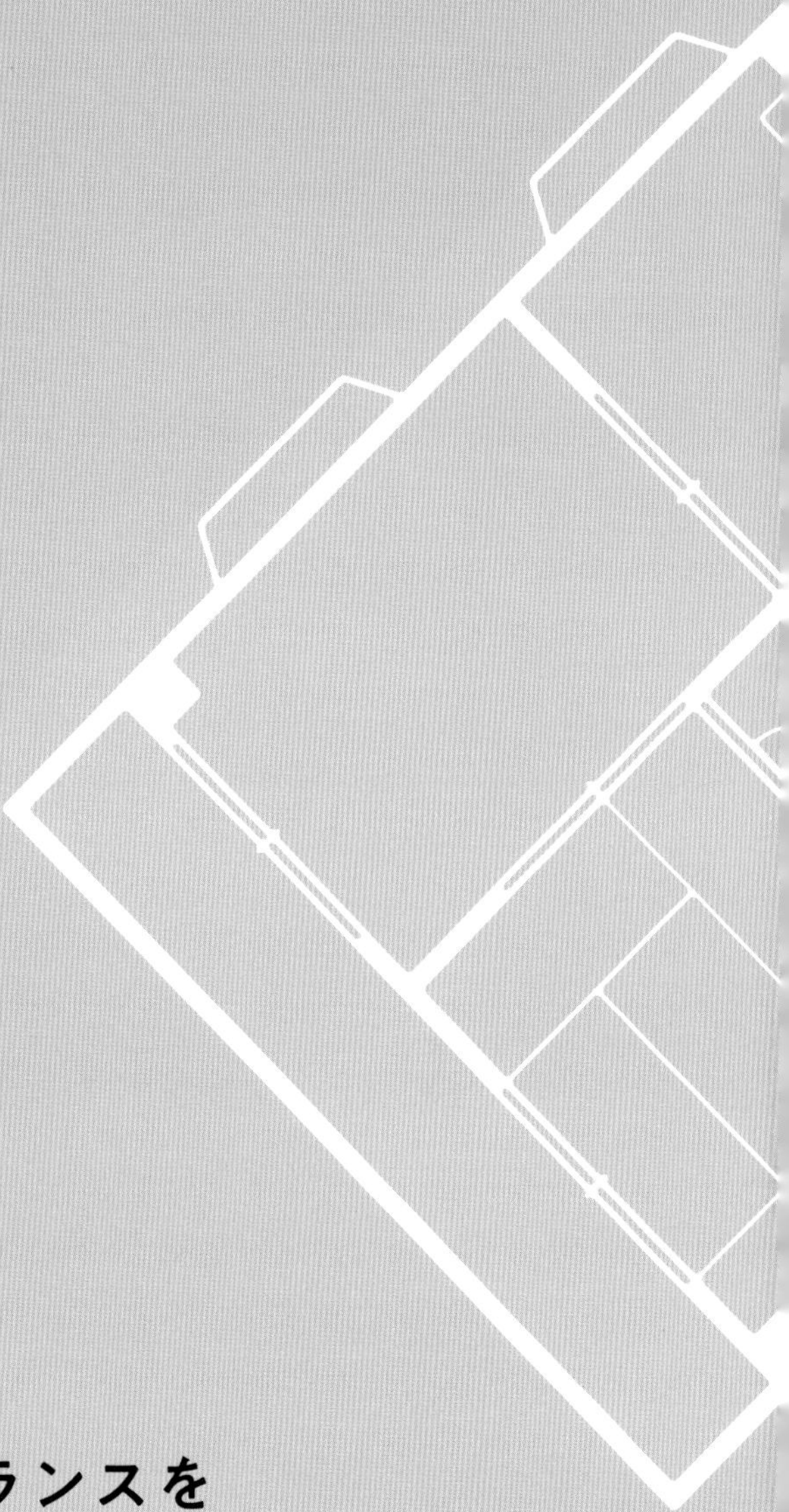

第 8 章

ふたりの生活に ちょうどよいバランスを

どちらがリビングを使うかなどの明確なルールはなく、使いたい部屋をそれぞれがアレンジして使っています。

リビングと和室をそれぞれの個室として使う

休日は2人で出かけることも多いですが、リビングと和室をそれぞれの部屋として、のんびりすごすことも。

平日はお互い仕事をしている分、休日は一緒に話す時間を大切にしていますが、ときには1人の時間、空間も必要だと感じています。

和室にラグを敷くことで、お部屋の雰囲気がガラリと変わるので、変化を楽しんでいます。

リビングと和室をそれぞれの空間としても使うことで、狭い部屋の中でもお互い好きなことをのんびりとできています。

私はリビングで整理整頓やインスタの投稿、収納グッズの情報収拾、ストレッチ、足つぼ、読書などをしてすごしています。

家事の分担やルールは細かく決めないほうが楽

家事のルールを細かく決めすぎると、お互いストレスがたまってしまうので、「できるほうがやる」くらいのルールにしています。

ふたり暮らしで喧嘩の原因となるのが、家事の分担。私たちはとくに細かくルールを決めないようにしています。

パートナーは出勤時間が朝早く、帰宅時間も夜遅いので、朝のゴミ捨てと寝具の片づけをお願いし、そのほかは私が担当しています。

私たちも最初はどちらが何の家事をするかで揉めましたが、2人の生活リズムが違うので、お互いが思いやりを持つことが大切だと気がつきました。

今では役割分担が決まっていなくても、気づいたほうが自然に行なえるようになりました。

夜、洗い物をせずにどちらか疲れて寝てしまっていても、フォローし合うことが大事だと感じています。

年間の目標貯金額を達成させるために月々の貯金額を決めて、それ以外を生活費に。レシートや領収書はこまめにチェックし、ためずに処分するようにしています。

家計管理は1週間ごとにざっくりと

ふたり暮らしで難しいのはお財布問題です。どちらがどのように管理するかも喧嘩の原因になりかねません。

私たちは無印良品のパスポートケースに1カ月で必要なお金を食費、日用品、交際費、特別費などと、分けて入れています。

1週間ごとに予算を組み、それぞれのカテゴリーにお金を分けます。予算以内に収まれば自由に使ってもよいことにし、もしも足りなくなった場合はケース内で調整をします。

クレジットカードを使用することも多いのですが、お金の管理をしやすくするためにも、毎月の利用額と使う店を決めています。

家計簿よりも手間がかからず、お金の管理もしやすくなりました。

リュックの中には非常食、ウェットティッシュ代わりのお尻拭き、割り箸、軍手、マスク、ライト、ガスライターが。水や缶詰は外に出して。

2人分の防災グッズはこれだけ

靴箱として使用している棚に、2人分の防災グッズを用意しています。普段の食料や日用品のストックが少ない代わりに、防災グッズ兼食料のストックとして持つようにしています。

収納場所が限られていますが、もしものときに安心な分だけは持つようにしています。

非常食をムダにしないためにも、賞味期限が長いものを選び、定期的に期限の確認をすることがポイントです。

賞味期限が切れそうなものは、普段の夕食としておいしくいただいています。

元々カバンは多くは持っていませんが、それぞれが買うよりも、
お互いが気に入って使えるものを買うようになりました。

ハンカチやリュックなど共有できるものは共有

余分な物を持たない暮らしだからこそ、共有できるものは2人で共有しています。

ふたり暮らしを始めた頃はドライヤーや爪切りなど、それぞれひとつずつ持っているものがありましたが、話し合ってひとつにしました。

現在は購入時に、男女で共用できそうなシンプルな色やデザインを選ぶようになりました。

パジャマも夏は男女どちらも着られるようなデザインを選んだり、ゆったりとしたコーディネートを楽しみたいときは、男性もののTシャツやニットを借りることもあります。

お互いが使い回せるものを買うと貸し借りもできるので、コーディネートの幅も広がりました。

パジャマは男性物ですが、半袖のTシャツや半ズボンは部屋着としてなら女性も着用できるので、借りることも多いです。

お互いが使えるようにリュックやバッグも黒や紺を選んで。

中川政七商店のmottaのハンカチ。お弁当包みとしても使用。

持ち物はハンカチ、ティッシュケース（鎮痛剤と整腸剤も収納）、折りたたみ傘、イヤホン、鍵、ポーチ。お弁当とお菓子も。ポーチの中身はフェイスパウダー、グロス、口紅、ヘアワックス兼ハンドクリーム、マスクが入っています。

通勤バッグの中身もとことん減らしています

通勤時にはスマホで読書をしたり、ドラマを見ているので、両手が空くリュックを使用しています。

職場にメイク道具や裁縫セット、常備薬などは置いておき、荷物は必要最低限にしています。

ポーチは無印のメッシュポーチをサイズ違いで2種類持ち、二重にして使用しています。バッグインバッグのような使い方をして、小物をひとつにまとめています。

軽量で外から中身が見えるので、バッグの中で探し物をすることもなく、忘れ物防止にもなっています。

インスタグラムから多くの気づきを得て

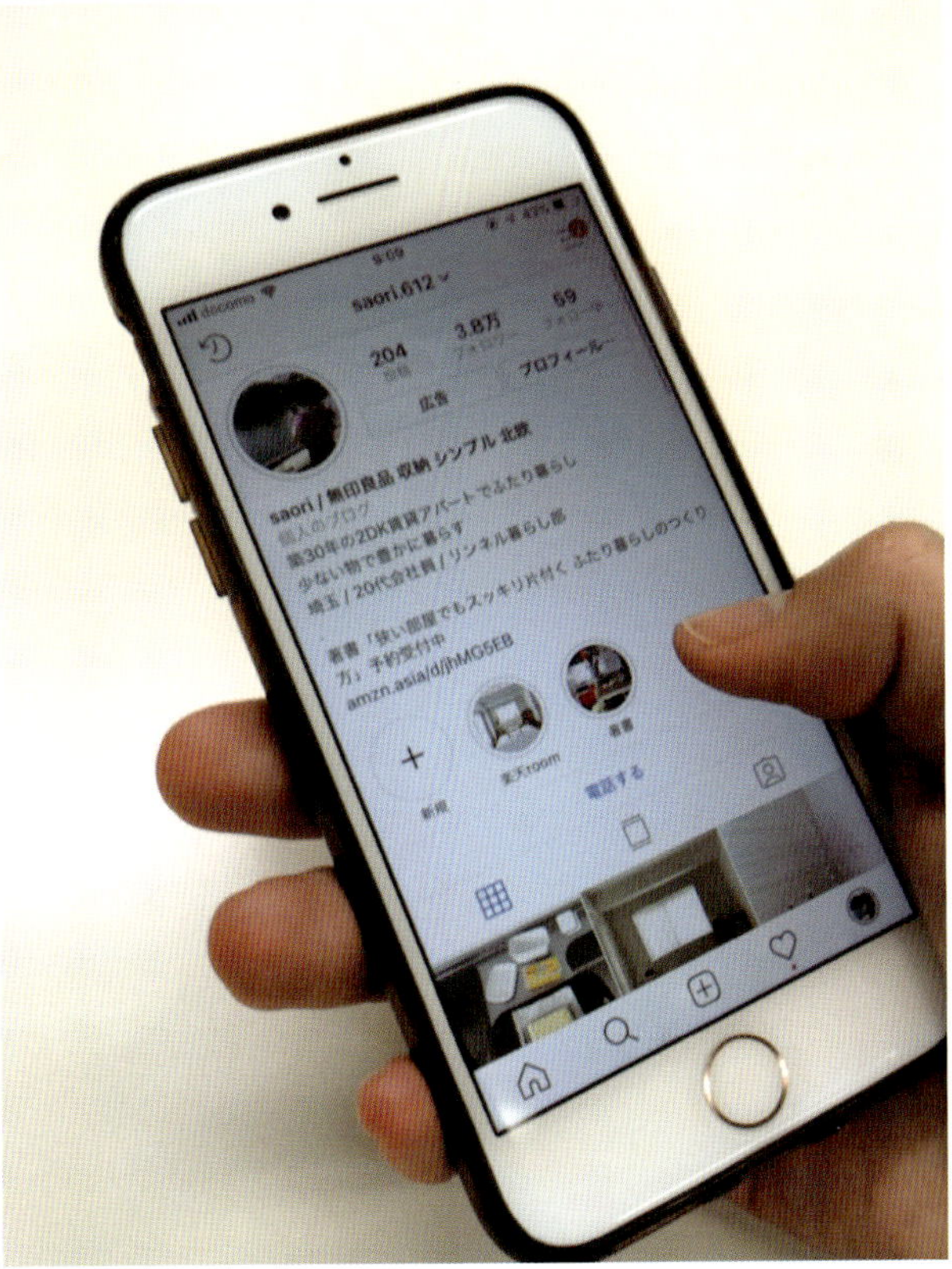

ふたり暮らしの愚痴や不満を書いてしまうこともありますが、みなさんが共感してくだったり、コメントをくれることで客観的になれ、解決方法が見つかります。暖かいコメントにいつも励まされています。

物を減らして家事の負担や物欲を抑え、毎日を楽に暮らすために始めたインスタグラム。

最初は「インスタに載せるからきれいにしよう」という理由で、苦手な家事をこなしていましたが、徐々にインスタが片づけのモチベーションに。今ではインスタのおかげで楽しく家事ができています。

いつのまにか多くの方にフォローしていただき、インテリアや収納、暮らしを褒めてもらえるようになって嬉しい気持ちでいっぱいです。

インスタが生活の一部となり、仕事や家事の励みにもなっています。

感謝の気持ちも込めて、これからも自分が良いと感じた暮らしのアイデアや情報を発信し、同じような悩みを持つ方々のお役に立てるようにインスタを更新していきたいです。

おわりに

『狭い部屋でスッキリ心地よく暮らす』（すばる舎）に著者の1人として参加させていただいたあと、書籍出版のお話しをいただきました。

お話しを頂戴したときは嬉しさと同時に「普通のOLである私に本が書けるのだろうか?」と、とても不安な気持ちにもなりました。

そんなときに、「ｓａｏｒｉさんの暮らしには、お互いが気持ちよく暮らせる工夫がたくさんあるので、素のままで大丈夫です」と言っていただき、心が軽くなったような気がしました。


原稿を書くにあたり、昔の投稿やフォロワーのみなさまからいただいたコメントを見返していると、私と同じように狭い部屋でのふたり暮らしに悩みを抱える人がこんなにもいるんだと、改めて実感しました。

それからは「少しでも読んでくださった方のお役に立ちたい、生活が快適になるきっかけづくりをしたい」と考えるようになりました。

その思いから、本書には私の愛用品はほとんど記載してあります。少しでも参考にしていただければ幸いです。

私がふたり暮らしで一番大事にしていることは、「お互いがストレスをためずに暮らすこと」だと気がつきました。今のようなシンプルな暮らしを始めたのも、「楽しく生活がしたい！」という単純な理由からです。見栄えよりも、どちらも使いやすい収納に変えてからは、お互い気持ちに余裕も生まれ、小さな喧嘩もなくなっていきました。今では忙しいときはフォローし合うことで、ふたり暮らしを楽しめています。

ごく普通の暮らしをしている私が本を出版できたのも、いつも投稿を楽しみに応援してくださるみなさまのおかげです。本当に感謝しています。「築年数が古いから」「部屋が狭いから」「パートナーが片づけが苦手だから」と何度もあきらめそうになりましたが、シンプルな暮らしを続けてきて本当によかったです。

本書を読んで少しでも多くの方が、物もストレスも少なく、快適にふたり暮らしができるんだ！と思ってくだされば、これ以上嬉しいことはありません。

saori

賃貸 1K でここまでできる！

狭くても 忙しくてもお金がなくてもできる

ていねいなひとり暮らし

ISBN : 978-4-7991-0671-6 本体 1,300 円 + 税

第１章 ひとり暮らしをていねいに楽しみたい
第２章 カンタンなのに美味しい 毎日の食事
第３章 すみずみまで使いこなすキッチン
第４章 狭くても スッキリ見える モノのしまい方
第５章 私のおしゃれと美容・厳選アイテム
第６章「日々少しずつ」でキレイを保つ掃除
第７章 ワクワクすることを日常に散りばめて

http://www.subarusya.jp

1R ひとり暮らしから、2LDK4 人暮らしまで！

狭い部屋で スッキリ心地よく暮らす

ISBN：978-4-7991-0723-2
本体 1,300 円 + 税

第１章　「小さな暮らし」を楽しむ５人の部屋づくり

第２章　これ１つでスッキリ！ みんな使ってる定番 10 アイテム

第３章　リビングから玄関まで。すぐ真似したい整理収納の工夫

saori サオリ

埼玉県在住。岩手県出身。

築30年・38㎡のアパートでふたり暮らし。

狭く古いアパートでどのようにスッキリ暮らすか、当初は試行錯誤していたが、お互いがストレスなく心地よく暮らすために、さまざまな収納アイデアを活かし、わずか38㎡とは思えない空間づくりを実現させている。小さい頃から大の整理収納好き。


物が多いはずのふたり暮らしで工夫しながら物を減らして快適に暮らす様子や、ふたり暮らしならではのありのままの悩みを投稿する姿は、Instagramで多くのフォロワーから支持され、フォロワー数は3万8000人を突破。

弊社刊『狭い部屋でスッキリ心地よく暮らす』でも著者の一人として参加し、収納術を紹介している。

本書が初の単著。


Instagramアカウント：saori.612

装幀・本文デザイン　齋藤 知恵子（sacco）
撮影　長谷川 健太
イラスト　山﨑 美帆
写真提供　saori

狭い部屋でもスッキリ片づく
ふたり暮らしのつくり方

2018年12月19日　第1刷発行

著者　saori
発行者　徳留慶太郎
発行所　株式会社すばる舎
〒170-0013 東京都豊島区東池袋3-9-7 東池袋織本ビル
TEL 03-3981-8651（代表）　03-3981-0767（営業部）
振替 00140-7-116563
http://www.subarusya.jp/
印刷　株式会社シナノ

ISBN978-4-7991-0765-2